자연언어학회 학술총서 **1**

최소주의 이론: 자질, 병합, 이동

최소주의이론:
자질, 병합, 이동

| 홍성심 · 손근원 · 김양순 |

도서출판 동인

| 책머리에 |

　　우리 자연언어학회 연구 모임은 20여 년 전에 통사론 전공자들이 함께 공부하고자 만든 소규모 연구 모임이다. 우리는 함께 언어학을 공부하고, 특히 통사론의 이론적 변화를 몸소 겪으면서, 모르는 것을 논의하고, 서로의 생각에 의문을 제기하며, 공부하는 기쁨을 나누어 왔다.

　　최소주의 통사론이 출현한지도 여러 해가 지나고 이에 대한 다양한 접근법과 핵심적 연구들이 많이 생겨난 시점에, 우리 3인의 연구자들은 함께 강독하고, 공부해온 Adger & Svenonius(2010), Fukui(2010), Boščović(2010) 등, 관련 있는 여러 편의 논문을 함께 공부하고, 주석을 달고, 보다 추가적인 논증 자료를 첨가해서 최소주의 통사이론의 핵심적인 부분으로 소개하고자 이 책을 내게 되었다. 이 책은 최소주의 통사론의 가장 기본적인 부분인 자질이론, 병합이론, 그리고 최후수단으로써의 이동이론에 관한 것으로, 문장을 구성하는 가장 기본적인 어휘와 어휘를 구성하는 자질들, 어휘들이 어떤 과정과 규칙에 의해서 결합되는가에 관한 병합이론, 그리고 병합의 한 종류로 제시되는 이동(즉, 내부병합)에 관한 주제를 다루고 있다.

　　부족한 부분은 더욱 더 공부하여, 향후 보다 진전된 연구결과를 낼 것이며, 함께 공부해온 자연언어학회 회원 여러분들과, 어려운 시기에 항상 우리의 책을 내 주시는 도서출판 동인의 이성모 사장님 이하 많은 직원선생님들께 깊은 감사를 드리고 싶다.

2012. 2.
저자 일동

차
례

■

서 론

최소주의 이론이 본격적으로 논의되기 시작한지도 어느덧 20년 가까운 시간이 지났다. 다양한 경험적 자료와 논증이 제시되었던 Government and Binding/Principles and Parameters 문법틀에 이론적 변화가 가해진 최소주의 통사이론은 LGB/PP 접근에서 논의되고 분석되었던 많은 경험적 자료를 최소주의적으로 다시 해석하고 설명하고 있다.

이 책은 최소주의 통사이론이 GB/PP식 문법틀과 가장 크게 달라진 3가지 부분에 대해서 대표적인 학자들의 이론을 소개하고, 그들의 분석과 논증에 대해 논평과 재해석을 가하는 방식으로 쓰여졌다. 특히, 자질이론에 관해서는 Adger(2003)와 Adger & Svenonius(2010)의 분석을, 필수구구조 이론과 병합이론에 관해서는 Fukui(2010)의 논증을, 그리고 이동과 최후수단조건에 관해서는 Boščović(2010)의 이론을 자세히 소개하고, 그들 이론이 최소주의 통사론에서 가지는 시사점 및 문제점 등을 논의하면서 알기 쉽게 설명해 보고 있다.

구체적으로, 이 책의 전체 내용은 다음과 같이 전개된다.

제 1장은 자질에 관한 설명과 해설을 제시하고 있다. 우선 자질이란 무엇인가?에 대한 정의를 제시하면서, 자질이란 기술하고자 하는 어휘 요소/표현에 대한 구체적인 상세정보라고 정의하였다. 또한, 자질의 종류를 논의하면서, 자질은 한 가지 종류뿐인가?라는 의문에 대해서는 소리-의미의 접합면 자질(interface features)과 통사부내 자질(syntax-internal features)로 분류하였다. 물론 접합면에는 최소한 2개의 접합면이 있다. SM(감각-운동) 접합면과 CI(개념의도) 접합면이다. SM 접합면은 소리(음운부)와 접하고 있으며 CI 접합면은 의미부와 접하고 있다. 따라서 접합면 자질에는 소리-음성부와 면하고 있는 SM 접합면 자질과 의미-개념과 접하고 있는 CI 접합면 자질이 있다.

문법틀에 따라서는 범주와 자질을 구별하지 않는 이론도 존재해왔는데, 이를 통합적 접근(unification-based approach)이라고 하고, HPSG라든지 LFG등이 이에 속한다. 그렇다면 범주와 자질은 서로 다른 것인가? 다르다면 어떻게 다른가? 생성문법과 최소주의 문법틀에서 범주와 자질은 서로 구별된다. 범주는 '형용사는 명사 앞에, 한정사는 명사 앞에 온다'는 식으로 통어적(syntagmatic)으로 정의되고, 자질은 하위범주에 속하면서, 연항적(paradigmatic)으로 정의 된다. Chomsky의 Aspects 모델에서는 범주와 자질이 구별되지 않았지만, 최소주의에서, 특히 Cinque같은 카토그라피적 접근을 하는 학파에서 범주와 자질을 구분/세분하는 연구방향을 다시 소생·발전시켰다.

범주와 자질을 구별하는 최소주의 문법틀에서 이들의 구체적인 예를 들어보자면 N, A, V, P등의 어휘범주와 C, I, D등의 기능범주는 모두 범주에 속하고 이들은 투사성을 가져서 최대투사범주가 된다. 한편, Past, Wh-, Plural, Person/Gender/Number(phi-feature)등은 자질이 되며, 이들 자질은 투사성이 없고, 절점의 표찰도 되지 못한다. 이를 다시 해석하면 핵성(Headedness)이 없다고도 말할 수 있는데, 이들 요소들은 어떤 범주를 구성하는 마이크로(micro)적 요소들이라고 말할 수 있겠다.

그렇다면, 자질은 자체적으로 조직이 있는 구성체인가 아니면 각각의 어휘가 가지고 있는 원천적인 요소들인가? 자질을 자체적 조직이 없는 구성체, 즉 모두 동등한 입장에서 존재하는 체제를 원천적 자질체제라고 하는데, 자연언어는 통사구조적 의존성이 존재하며, 특정 자질을 언급하는 통사현상이나 규칙이 존재하기 때문에 원천적 자질체제는 수용하기 어렵다는 것이 Adger & Svenonius의 입장이며, 최소주의 통사론의 관점에서 우리도 이점을 분명히 인정한다. 다시 말하면, 음운론적 변별자질의 방식에서 출발한, 원천적 자질체계에서는 자질의 부류를 언급할 수 없고, 따라서, 이동이나 일치(agreement)같은 특정한 현상에 관여하거나 하지 말아야 하는 자질을 골라낼 수 없다. 한 가지 대안은 Dowty & Johnson(1989)처럼 예를 들면 일치(주어-동사) 현상이 통사적 현상이 아니고 의미적 현상이라고 주장하는 방식인데, Svenonius(2007)는 이를 반대한다. 즉, 명백히 통사적 일치라고 밖에 볼 수 없는 현상이 존재하고, 이런 현상을 설명할 때는 일정한 자질의 부류를 언급해야 하며, 따라서 자질체계는 원천적일 수 없다.

한편, 자질 부류를 예로 들어보자면, NOM, ACC, GEN, DAT 등의 CASE 자질, PERSON, Gender, Number 등의 phi-자질, EPP 자질,

Past, Present 등의 V-자질, Plural 등의 N-자질 등이 된다. 예를 들어 한 어휘항목 'me'의 자질을 명시해 보자면, [D, ACC, SPEAKER] 이다. 또한, 자질에는 통사적 분포와 의존성을 포착해주는 이차 자질(second-order feature)이 있는데, 이차 자질의 정의는 모든 일차 자질 중에서 통사적 특성/의존성을 보이는 특성이 이차 자질이다. 예를 들면, [C, EPP]는 일차 자질인 C가 이차 자질인 EPP와 결합한 것이다.

풍부한 자질 체계에서 다루는 중요한 측면에는 다음의 세 가지가 있다(Adger 2003). 첫째는 해석성(interpretable-uninterpretable)의 문제로 통사적 의존구조 혹은 구성소를 형성/구축 하는데 관여하고, 둘째는, 평가(valued-unvalued)의 문제가 있어, 특정한 형태적 범주(morphological category)를 일치(agreement)와 연결시키는데 사용된다. 셋째는 자질의 강도(strong-weak)문제로 이동의 촉발에 관여하는 자질인데, 이동은 국부성에 관한 역할을 한다. 즉 자질은 통사운용인 이동이나 일치에 결정적 역할을 할 수 있으며, 그런 역할을 할 수 있도록 계층성을 가지고 조직화되어 있다.

결국 Adger & Svenonius(2010)의 자질체계는 문장 구성의 필수적 부분인 어휘부 속의 어휘항목을 세부적으로 들여다보면서, 통사적 운용에 관여하는 자질이 존재하고 이들 자질은 조직화되어 있음을 주장한 이론이다. 이들의 이론은 현 최소주의 통사이론에서 널리 수용되는 이론이라고 말할 수 있다. 다만 구체적으로 어떤 구문이나 경험적 자료로부터 이차 자질을 논증할 수 있는가 하는 문제는 더욱 연구되어야 한다.

제 2장에서는 필수구구조(Bare Phrase Structure)와 병합(Merge)이론이 생겨난 역사적 배경을 이해하고 첫째, 구조계층성, 이산적 무한성, 핵중심성, 의미부의 이중성과 같은 핵심적인 구조특성들이 필수구구조

이론과 병합이론으로 어떻게 설명될 수 있는지의 문제와 둘째, 병합의 적용이 촉발에 의한 것인지 아니면 자발적인 것인지의 문제를 살펴본다.

병합이 반복적이나 비연합적(non-associative)이라고 가정한다면 계층적 구조의 존재는 병합에 의해서 설명되고, 이산적 무한성은 EF에 의해 설명된다. 전통적 X'-이론의 직관인 핵중심성(표찰 붙이기)은 최소탐색처럼 제 3의 요소 원리에 의해 결정되거나 삽입하기(Embed)와 같은 추가적 운용 수단으로 설명될 수 있고 의미부의 이중성은 초기 문법모델에서 변형을 위한 기본 동기중의 하나인데 이는 병합, 즉 외부병합과 내부병합으로 설명된다.

병합 그리고 병합과 관련된 문제에 관한 논의를 요약하면, 병합이란 간단한 집합형성(set-formation) 운용이다. 즉, 두 개의 통사체(SO) α와 β에 병합을 적용하여 집합 {α, β}를 형성한다. 병합에 대한 이러한 대칭적 견해는 전통적 X'-이론의 핵심적 직관인 표찰/핵중심성(labels/headedness)의 개념을 설명하지 못한다. 이러한 문제에 대한 한 가지 접근법으로는 표찰 붙이기가 구조형성운용의 일부가 아니라 부수현상이며 최소탐색(minimal search)과 같은 일반원리에 의해 예견이 가능하다고 생각하는 것이고, 또 다른 접근법은 표찰 붙이기를 인간언어 구조형성 과정의 근본적인 부분으로 간주하고 표찰/핵중심성을 직접 설명할 수 있는 자체-삽입의 추가 운용이 있다고 보는 것이다. 첫 번째 접근법의 한 급진적 견해는 통사부에 '투사(projection)'의 개념은 없다고 주장한다. 병합은 가장자리자질 EF에 의해 촉발된다고 가정되지만 LI의 자질인 EF는 이 견해에서는 투사될 수 없으므로 각 LI에 병합이 두 번 이상 적용될 수 없다. 이 문제는 국면단계에서만 적용되는 전이(Transfer)가 핵을 LI에서 다시 부활시키는 부수효과를 갖는다고 가정함으로써 해결된다. 그렇다면 오직 국면핵만이 지정어와 비보충어를 허용하고 국면핵들은 '이동'할 수 있게 된다.

또한 EF는 모든 다른 '관례적인' 자질들과 구별되는 독특한 자질로서 접합면에서 해석적 역할을 하지 못하므로 '비해석성' 자질이다. 그러나 다른 비해석성 자질들과 달리, 만족되었을 때 삭제되지도 않으므로 EF는 병합이 LI와 관련될 때 '병합이 적용되는 일반조건을 기술하는 항(term)'이라고 제안된다. 병합의 적용에 관련해서는 두 가지 견해가 있다. 하나는 병합이 촉발자(trigger)없이 자유로이 무조건적으로 적용된다는 것인데 이 견해에서는 기본적으로 EF가 필요 없다. 또 다른 견해는 병합이 EF와 같은 요소에 의해 촉발된다는 것인데 여기서는 병합이 항상 핵과 다른 비핵 통사체에 적용된다는 관찰에 기초하여 '구조적 비대칭성(structural asymmetry)'이 병합의 추진력이 된다고 제안한다. 기본적으로 병합은 통사론에서 비대칭성을 축소시키고 대칭성을 최대화한다. 전이가 비대칭성을 만들고 그 결과 병합이 각 LI에 대해 두 번 이상 적용되는 것이 가능하게 만든다. 마지막으로 일본어 통사론은 병합은 촉발되는 것이 아니라 자발적으로 적용된다는 병합이론을 지지한다.

제 3장에서는, 연산체계의 운용을 규제하는 중요한 척도 중 하나인 최후수단조건이 문법에서 어떻게 기능하는가를 중점적으로 논의하고 있다. 최후수단조건은 도출과 표상을 모두 규제하는데 우선 도출에 있어서는 필요 없는 운용은 일어나서는 안 된다는 것, 즉 운용의 모든 개별 단계들이 꼭 필요한 경우에만 일어날 수 있도록 제어한다. 또한 표상에 있어서는 모든 상징들이 꼭 필요할 때에만 나타날 수 있고 필요 없는 상징은 나타나서는 안 된다는 제약으로 기능한다.

도출에 있어서 최후수단 원리가 어떻게 기능하는지를 보이기 위해 우선 최후수단과 이동의 관계를 면밀히 살펴보아야 하는데 이는 필연적으로 이동의 동인이 무엇인가라는 질문과 연결되게 된다. 이동의 동인에 대해서는 다음의 3가지 제안이 있어 왔다.

(i) (a) 이동의 동인은 표적(target)에 있다.
     (b) 이동의 동인은 이동하는 요소에 있다.
     (c) 이동의 동인은 표적이나 이동하는 요소 중 어느 하나에 있다.

1990년대 중반 이후 Chomsky는 지속적으로 이동의 동인이 표적에 있다고 주장해 왔지만 Bošković는 Chomsky와 달리 이동의 동인을 이동요소에 둠으로써 이전에 문제가 되던 여러 현상이 설명되고 이론적 불필요성이 해소될 수 있다고 주장한다. 그가 주장하듯이, 이동요소에 있는 비해석성 자질이 탐침기능을 할 수 있다고 가정하면 표적중심 이론에서 부딪히게 되는 예상적용의 문제(Look-ahead problem)를 해결할 수 있고, 또한 고정효과(freezing effect)를 이론적으로 도출하는 것이 가능해지며 그 이외에도 다중의문사 전치현상이나 다중 부정극어 현상을 설명할 수 있고, 순환적용에서 불완전 핵(defective head)이라는 불필요한 개념을 제거할 수 있게 되는 등 다양한 이점들이 있는 것이 사실이다.

그는 여기서 그치지 않고 이 이동요소 중심 이론을 확대시켜서 고정효과에 대한 흥미로운 접근법을 제시한다. 즉, 비해석적 자질의 점검을 위해 어떤 이동이 일단 이루어지고 나면 이 이동된 요소는 그 이후 어떤 다른 이동도 겪을 수 없다는 주장을 하는데 이 주장이 사실로 밝혀진다면 아주 흥미로운 결과를 낳게 된다. 그러나 이러한 Bošković의 주장은 쉽게 극복하기 어려운 경험적인 문제에 부딪히게 되는 것으로 보인다. 즉, 모든 비논항이동이 동일한 자질 Op의 점검을 위해서 일어난다고 보는 것은 이론적으로나 경험적으로 상당히 설득력이 있어 보이지만 논항이동과 비논항이동을 모두 동일한 성질의 이동으로 간주하고 어느 이동이든 한 번만 일어나서 이동의 동인이 된 자질이 점검되고 나면 더 이상 다른 이동은 겪을 수 없다는 주장은 너무 강한 주장으로서 심각한 경험적인 문제에 봉착하게 되는 것으로 보인다.

최후수단의 관점에서 일치를 볼 경우, 일치는 우선 의미부에서 허락되지 않는 비해석적 자질이 의미부에 들어가서 도출을 파탄시키지 않도록 하기 위해 이를 제거할 목적으로 일어난다고 볼 수 있다. Boščović는 이 때 Chomsky와 달리 비해석적 자질은 값이 정해져 있지 않고 해석적 자질은 값이 정해져 있다는 이분법에서 탈피하여 두 종류의 자질 모두 값이 정해질 수도 그렇지 않은 채로 나타날 수도 있다는 가정을 한다. 이는 Chomsky에 있어 탐침이 비해석적 자질에만 허락되었던 것과 달리 해석성 여부와 관련 없이 값의 결정(valuation) 여부가 탐침을 결정하는 요인이 되도록 하는 길을 열어준다. 이러한 새로운 가정은 문법의 설명력을 경험적으로 확대시키고 이론을 정교하게 다듬어줄 수 있는 가능성을 제시한다는 점에서 그 의의가 있는 것으로 판단된다.

마지막으로 최후수단과 어휘삽입/순수병합의 관계를 고려할 경우 Boščović의 주장에 기대어 오직 기능요소의 순수병합만이 최후수단을 준수한다는 가설을 세울 시 어떠한 이론적 효과가 있는지에 대해 논의한다. 또한 표상의 경제성과 최후수단의 상관관계를 논함에 있어서도 기능요소의 순수병합만이 최후수단을 준수한다는 가설이 어떻게 국소적 경제성을 확보하고 궁극적으로 표상의 경제성을 도출의 경제성과 같은 맥락에서 설명할 수 있는지를 살펴본다.

최·소·주·의·이·론
자 질, 병 합, 이 동

제1장

최소주의 통사론과 자질 이론

인간의 언어능력에 관해 끊임없이 연구해온 Chomsky는 1957년부터 Lectures on Government and Binding(1981a)이 출간되기 전까지의 초기이론에 해당되는 초기변형생성이론과, LGB부터 1995년의 The Minimalist Program 이전까지의 중기에 해당되는 GB/Principles and Parameters 이론, 그리고 1995년 이후의 최소주의 이론으로 나뉜다. 또한 최소주의 이론은 다시 세분되기도 하는데, 최소주의 이론 중 LGB/PP 문법 틀과 구별되는 중요한 이론적 변화중의 하나가 바로 자질이론이다.

　이 연구의 제 1장에서는 Adger & Svenonius(2010)가 제시한 최소주의 자질이론을 자세히 소개 하고, 경험적 자료와 함께 논평을 달아 자질이론이 최소주의 통사이론에서 차지하는 중요성과 구체적 운용을 소개하고자 한다. 또한 필요하다고 생각되는 부분에서 자세한 설명을 덧붙이며, 논증과 예시도 곁들이기로 한다.

1.1. 서론

이 장에서는 최소주의 통사론 중에서, 자질과 관련된 몇 가지 주요한 사항을 개략적으로 설명하고자 한다. 어느 특정 자질이론을 제시하기보다는, 오히려 변형생성문법의 최소주의 접근 안에서 자질의 개념이 제기하고 있는 핵심적 쟁점들을 개략적으로 설명하는데 중점을 둘 것이다.

우선 첫째, 자질의 개념에 대해 최소주의학자들이 선택한 관점과 통합방식의 관점의 차이를 지적한다. 둘째로, 범주와 자질의 개념상의 차이를 제시하는데, 범주는 근본적으로 출현 위치에 따라 정의되고, 자질은 범주의 하위적 요소로써 범주적 특질을 구성하는 요소라고 정의된다. 그리고 한 걸음 더 나아가서, 자질은 다시 두 가지의 특징적 요소로 구별되는데, 그 하나는 자질을 일정한 부류로 분류·조직할 수 있게 해주는 가능성(즉, 어떤 부류에 속할 때의 모든 언어표현마다 동일하게 나타나는 경우), 둘째는, 이차 자질이라고 불리는 언어 표현의 다양한 특성을 가지는 자질의 가능성이 있다.

이러한 개념을 배경으로 지니고, 최소주의 통사론은 자질을 다음 두 종류로 구별하고자 한다. 하나는 소리-의미의 접합면에서 주된 역할을 하는 접합면 자질들과 나머지 하나는 통사내부의 자체적인 기능만을 하는 통사부내 자질들이다. 또한, 이렇게 자질을 두 종류로 구분하고 나면, 이런 자질들이 합성적으로 해석 가능한 형상구조를 어떻게 만들어

내는지, 그 방식을 연구하고, 의존구조 형성(dependency formation), 구성소 구문(constituent construction), 위치이탈 효과(displacement effect) 등에 이런 자질들이 어떤 역할을 하는가에 초점을 맞추어 보고자 한다.[1] 특히, 소리-의미부의 접합면에서 자질들이 어떤 역할을 하는가를 집중적으로 살펴보기로 한다.

1.2. 자질과 범주

1.2.1. 자질 본연의 특질에 따른 분류

자질을 논할 때 반드시 정리되어야 하는 중요한 쟁점은 자질의 이론적 위상이라고 말할 수 있다. 왜냐하면, 형식언어학에서의 자질이란 문법 틀이 달라지면, 사용되는 방식도 다르기 때문이다. HPSG 같은 통합적 접근방식에서는, 예컨대, 자질이란, 문법이론을 위한 기술언어의 일부이다.

"직관적으로 말하자면, 자질구조란, 기술하고자 하는 물체의 여러 가지 다양한 속성(attributes)에 대해 일정한 평가값을 매김으로써 그 물체를 나타내거나 그 물체를 표현하도록 해주는 일종의 정보 보유체이다. 따라서, 자질 구조란 기술하고자 하는 물체에 대한 정보의 일부를 제공해 주는 것이라고 생각할 수 있다.

---

[1] 의존구조의 대표적인 예는, 주어-동사 일치 현상 같은 것을 들 수 있다. 멀리 떨어져 있어도, 주어가 되는 명사구와 동사는 일치 현상을 보이는데, 이를 의존성이 있는 구조를 형성한다고 말 할 수 있다. *The man*, along with many younger students, *was* selected for Harvard. 위치이탈 효과라면 Wh-이동으로 인해 Wh-구가 본래의 위치로부터 이동된 것과 관련한 통사적 결과 등이 위치이탈효과에 해당될 것이다.

위와 같은 관점에서 본다면, 자질이론은 언어이론의 대상을 제한하지 않고, 있는 대상을 단순히 기술할 뿐이므로, 자질이론이 풍부해지는 것은 당연한 일이다. 언어 대상 자체를 제한하기 위해서는 기타의 무엇인가가 필요하며, 예를 들면 HPSG 같은 이론에서는 유형 층위성(type hierarchy) 같은 것이 되겠다.

최소주의 연구들은 HPSG같은 통합적 접근과는 다른 대안을 선택한다. 즉, 자질이란 통사핵(syntactic atoms)의 특성이며, 언어이론의 직접적인 대상이 되는 것이다. 예를 들면 [plural]이라는 자질은, 화학자들이 실제로 수소에 해당하는 요소를 H라고 나타내는 것과 비슷하다. 이런 관점에서 본다면, 가능한 자질구조란 다른 자질과의 관계를 가능하도록 연결해주는 것이라는 점이 중요하며, 이는 마치 핵의 자질들이란 다른 핵과의 관계를 이어주는 것이라고 말하는 것과 같은 것이다.

1.2.2. 범주와 자질의 차이

생성문법은 전통적으로 **범주**와 **자질**을 구별해 왔다. 범주와 자질을 구별하는 것은 미국 구조주의 학자들이 옹호했었던 구성소 분석에 기초하여 구 구조문법(Phrase-structure Rules)에서 그 형식을 갖추어 보다 더 확실하게 실현되었다. PSG에서 사용된 범주들은 (i) 서로 상보적 분포에서 출현하는 유형을 나타내며, (ii) 특정구문 내에서 특정의 위치에 제한적으로 출현한다. 따라서, Noun(명사)라는 범주, 또는 that, if, Ø 같은 Complementizer(보문소)라는 범주, happy, interesting, American 같은 Adjective(형용사) 같은 범주 등 학자에 따라 의견이 다를 수는 있으나 대략적으로 8개의 통사범주로 나누는 것이 보편적이다.

그러나 이런 범주들은 종종 더 상세한 하위 세부범주로 나뉠 수 있는데, N은 '셀 수 있는 유생물 명사, 의문 보문소, 등급형용사 등으로 세분 가능하다. 구조주의나 혹은 생성문법의 전통에서 이런 하위유형화는 어떤 한 어휘요소가 구문상 어떤 구조적 위치에 나타나는가 와는 무관하다. 이런 관점에서 보면, 범주는 어느 위치에 나타나는가와 관계가 있으며, 동일 문장 가운데, 어떤 단어와 결합하는가, 어떤 단어 앞에 오는가, 어떤 단어 뒤에 오는가에 관여하므로 통어적(syntagmatic)이다. 하위범주(subcategories)는 범주적 정보보다 더 상세한 정보를 알아야 동일 그룹의 단어 유형을 알 수 있으므로 연항적(paradigmatic)이다.

예를 들어보면, 'The cat sat on the mat'같은 문장에서 'cat'은 'the' 그리고 'sat on the mat'와 관계를 맺고 있다. 이런 의미에서 통어적 관계는 어순순서에 관여하는 선형적 개념이며, 연항적 관계는 'the', 'his', 'our'가 서로 동일한 위치에서 사용되고 서로를 대체할 수 있을 만한 요소라고 생각될 수 있으므로, 계층적 개념이라고 말할 수 있겠다.

1. 도표 (1)

			syntagmatic			
	The	cat	sat	on	the	mat.
Paradigmatic	His	dog	slept	under	that	table.
	Our	parrot	perched	in	its	cage.

한편, 통사부에만 통어적 혹은 연항적 관계가 있는 것은 아니다. 의미 차원에서도 연항적 대체는 일련의 단어들이 의미적으로 서로 묶일 수 있는가 하는 점을 보여준다. 예를 들면, *Angela came on Tuesday*에

서 'Tuesday'는 'Thursday, Friday'등으로 대체 가능하다. 따라서, 'Tuesday' 'Thursday, Friday'등과 연항적 관계를 맺고 있다. 한편 통어적 관계는 한 문장 가운데서 바로 이웃에 인접해서 (선형적 관계) 출현할 수 있는가에 관한 관계이다.

또 다른 예로, 'rotten'과 'apple'은 서로 이웃 가능하고, 'the duck'과 'quacked'는 서로 이웃해서 쓰일 수 있지만, *curdled the apple, *the duck squeaked 에서처럼 'the duck'은 'squeaked'와는 함께 쓰이지 않는다. 또 'blonde'는 'hair'와는 함께 쓰이지만, 'blonde'가 'pear'와는 쓰이지 않는다.

범주가 통사규칙에 어떤 역할을 하는가를 살펴보려면, 초기 변형생성문법에서 제시되었던 구 구조규칙을 살펴보자. 일반적으로 하위범주를 포착하기 위하여, 보다 많은 생산 규칙을 추가함으로써 구 구조문법을 확장하는 것이, 하위 범주 사이의 일반화를 잃게 할 수 있다는 점을 Chomsky(1965:79-80)는 인식하였다. 예를 들어 보자(Chomsky 1965: 80).

(2) 구 구조 규칙의 예시
     N → Proper
     N → Common
     Proper → Pr-Human
     Proper → Pr-non-Human
     Common → C-Human
     Common → C-non-Human

이런 체제하에서는, 'Pr-Human' 'C-Human' 같은 기호들은 자체적으로 핵 범주(atomic category)의 표찰(label)이므로 서로 연관이 없다. 그러나, 'Pr-Human'이나 'C-Human'을 서로 연관이 없다고 말한다면, 'human' 명사에 관한 일반화를 하려고 할 때, 어려움이 생길 것이다. 이 문제를 해결하기 위해 Chomsky는 음운론의 아이디어를 빌려서, 범주들이 변별자질을 가질 수 있도록 구 구조문법을 확장하였다. 이 변별자질은 Aspects 모델에서 사용되었으며, 주로 이분지(binary) 체제를 가지고 있었다. 다만 한 가지 확실한 것은 Aspects 모델에서 Chomsky는 범주와 자질을 구별하지 않았다. N, V, A, P 등의 통사범주는 그저 Animate 또는 Non-Animate, 과거시제 등의 자질과 더불어 그저 종류가 다른 자질의 예라고 주장한 것이다(Chomsky 165:207ff). 다음의 예를 살펴보면 확실한데, 어휘항목의 표기가 다른 자질들과 함께 섞여 있으며, N, V등의 범주 표찰은 전혀 특별한 위상을 가지고 있지 않음을 알 수 있다.

(3) Aspect 모델에서의 범주자질과 하위범주 자질 표시
     a. sincerity, [+N, -Count, +Abstract]
     b. boy, [+N, -Count, +Common, +Animate, +Human]

그러나, 암묵적으로 범주자질이 하위범주자질들과 차이 없이 섞여서 기술 되었던 시기를 지나, 소위 Extended Standard Theory(확대표준이론)이라고 불렸던 EST 모델과 GB 이론시기에는, N, V, A, P등의 범주자질을 다른 자질들로부터 구별해 내기 위한 많은 보편적인 규칙이 제안되었다. 특히, X-bar 이론과 지배결속이론이 이에 속한다. 또한, C, I, D등의 범주가 기능범주로 통합되었으며, N, V, A, P같은 어휘범주와

동일하게 취급되고, 이들 어휘범주와 동일한 투사규칙에 적용 받으며, Past, Wh-등의 자질과는 별도로 취급 되었다.

　　Adger & Svenonius(2010)에 의하면, C, I등을 최대 투사 범주로 보기 시작한 최초의 제안자는 Emonds, den Besten, Platzack이라고 한다. Agr나 D같은 기능범주에 대해서도 유사한 논증이 주장되었다. Agr는 Pollock(1989)에서, D는 Taraldsen(1991)에서 주장되었음은 널리 알려져 있다.

　　한편, 공개적으로 논의되고 있지는 않지만, 범주와 자질을 구별하고자 하는 생각은 최소주의에서도 보편적으로 수용되고 있다. 문법기술에서 기저부(D-구조)를 제거하고자 하는 것은 최소주의의 입장이지만, 그렇더라도, 언어표현들의 선형적 순서는 지켜져야 한다. 혹자는 자질들 중의 일부만을 어순 포착에 사용하려 할 수도 있겠다. 그런 경우라면 범주라는 개념이 여전히 존재할 것이다. 예를 들어, Chomsky & Lasnik (1993:526)은 만일 C와 T 모두가 Ø-자질을 가지고 있다면, 최초 병합의 위치를 결정짓는 것은 Ø-자질이 아니라, "C-답다"거나 "T-다운" 특성일 것이다 라고 주장했으며, 최소주의 문법에서 이런 선형적 어순은 기능적 순서(functional sequence)나 위계성으로 처리된다.

　　만일 이 위계성이란 것이 구성소를 형성하는 운용에 통사핵 (syntactic atoms)을 "보이도록" 해주는 특정한 부류의 자질이다 라는 것을 암시한다면, – 예를 들어 범주자질의 특정 부류, 혹은 Chomsky (2008a)에서 말하는 Edge 자질 같은 것을 의미한다면, – **범주라는 개념은 여전히 존재하는 것이다.** 한편, Cinque(1994, 1999), Rizzi(1997)같은 학자들이 속한 카토그라피(cartography)의 한 부류인 최소주의 분파에서는 구 구조를 투사한다는 점에서 "범주적"이라고 생각할 만한 자질의 숫자가 매우 많을 것이라고 추정하여 연구 중이다.

자질을 조직화 할 수 있는 한 가지 방법은 기능적 순서에 의한 것이다. 즉, 문 구성의 기능 범주 순서 C-T-ν-V는 외부병합(어휘부로부터 가져온 어휘요소를 병합해서 문 구조를 구성하기 시작할 때)에 가해지는 제약이라고 간주되며, top-to-bottom(하향) 방식으로 공기(co-occurrence)에 가해지는 제약을 표시하는 방식으로 생각할 수 있다. 예를 들면, 만일 C가 존재한다면, T도 당연히 존재하지만, 반대로 T가 있다고 해서 C가 반드시 존재하는 것은 아닌 경우를 말하는 것이다.

Privative(원천) 자질을 조직화 할 또 다른 방식으로 '기하학적' 방식이 있다. 예를 들면, 인칭, 수, 그리고 성 자질은, 일치 현상에 관여하므로, Ø 자질 집합체라는 단일 절점아래에 묶을 수 있을 것이다.

이런 기하학적 방식은 bottom-to-top(상향)식으로 분포적 의미를 나타내 준다. 예를 들면, [Speaker]와 [Adressee]이 모두 [Person]을 암시하기 때문에, 자질 조직도에서 [Person]이 [Speaker]와 [Adressee]를 모두 관할하고 있다면, [Person]이라는 자질만을 언급해서 이 두 자질에 관련된 규칙을 만들 수 있을 것이다. 혹은 만일 [Speaker]와 [Adress] 자질에서 [3rd person: 3인칭]이라는 자질이 결여되어 있다면, [Person]이라는 자질이 모든 인칭을 나타낸다. 만일 Ø 자질이 수와 성 자질의 절점만을 관할하고, 인칭자질은 관할하지 않는다면, 분사와 형용사 일치 현상은 바로 이 절점을 언급하면 가능하다. Chomsky(2000a)는 'Ø-완전성'의 개념을 사용하였다.

여기서 언급해야 할 한 가지 이론적 문제는 이런 기하학적 방식의 자질 조직도가 과연 어느 정도까지 설정되어야 하는가 이다. 즉, 이런 체제는 자질 조직화를 위해 통사-외적인 모듈(syntax-external module)

을 설정해야 하는가 아니면 자질의 통사구조로부터 혹은 자질의 의미로부터 기하학적 자질조직의 특성을 도출할 수 있는가(Harbour 2007)?

최소주의적 관점에서, 자질과 운용의 관계에 대해 다시 언급해 보자. 최소주의 관점에서 규칙체제는 매우 광범위하다. 유일한 규칙으로 첫째, 구성소를 형성 하는 병합이라는 운용이 있으며 외부병합이든 내부병합이든 모두 병합에 포함된다. 둘째, 통사적 의존구조를 만들어 내며 자질에 대한 부합도(matching requirement on features)를 확인/점검하는 일치(Agree)라는 운용이 있다.

이렇게 2가지 운용과, Chomsky(2000a)의 Inclusiveness principle (포함원리)를 전제한다면, 자질들은 엄격한 의미에서 원천적일 수 없다. 포함 원리란, "어휘부로부터 선택된 통사핵들의 '배번집합' 시에 부재했던 자질이 (도출)중간에 새로이 도입될 수 없다"는 원리이다. 통사적 의존구조에 관여하는 자질은, 적어도 어떤 종류의 요소가 이런 의존적 구조과정에 함께 참여하는가를 정확하게 명시해줄 수 있는 특성을 가지고 있어야 한다. 왜냐하면 이런 종류의 정보는 일반적 규칙에서 명시될 수 없기 때문이다.

예를 들어보자. 위에서 'cats'는 [plural], 'these'는 [agrees with: plural]이라는 자질 조직을 가지고 있다고 생각할 수 있으며, 여기서 [agrees-with]라는 기호는 의존구조를 형성해 주는 운용 Agree가 적용된다는 것을 뜻한다. 어떤 요소가 Agree의 적용을 받는가에 관한 정보는 Agree의 일부로 진술되어 있지 않고, 보다 효율적이라고 [plural]이라는 자질의 특성(property)으로 나타날 뿐이다. 만일 [plural]이라는 자질이 원천적이라면, 그런 정보는 Agree라는 운용에 명시되어야 하며, 통사운용의 집합이 결국 더 확장되어야 할 것이다.

그 외에도, 통사운용은 특정한 개개의 자질에 적용된다기보다는 자질의 어떤 부류에 적용되는 것이다. 예를 들면 의존구조를 형성하는 Agree라는 운용은 [인칭]-[수]-[성]이라는 자질의 부류에 적용되지, [과거]-[현재]-[미래] 등의 자질에 적용되지 않는다. 다른 일반 통사운용도 비슷하다: 통사운용은 원천적 자질 체제 안에서 자질의 부류를 언급할 수 없고, 따라서 이동이나 선택에 관여되지 말아야 할 자질들로부터 관여되어야 하는 자질을 골라낼 수 없다. 그런 이유로, 자체적인 묶음을 허용하지 않는 순수한 원천자질체제(privative feature system)는 자연언어(인간의 언어)를 기술하는 데는 적절하지 않다. 왜냐하면, 인간의 언어는 통사적 구조의존성이 있기 때문이다. 따라서, 포합조건을 포기하거나, 아니면 (자질의) 엄밀 원천 체제보다는 더욱 강력하여 기술능력을 높인 자질이론을 제안할 필요가 있다.

이런 논증에 대한 한 가지 대응은, 이동에 기인하는 일치효과가 발생하도록 하는 것이다. Chomsky(1993)는 거의 모든 자질점검을 이동에 의해서 (혹은 외부병합에 의해서) 발생하도록 점검영역(Checking domains)을 형식화했으며, 또, Chomsky(1995b:262)에서 이동과 일치를 부분적으로나마 자질이동의 개념으로 통합해 본 것 등이 이동 운용 때문에 일치효과가 발생하도록 만든 것에 해당된다. 예를 들면, 만일 자질 [plural]이 언제나 D범주로 이동하는 독특한 특성을 보인다면, 그리고 그 연쇄의 두 군데에서 모두 다 철자화 된다면 (연쇄의 꼬리에는 -s로, 그 머리에는 these/those로), 이는 비원천적인 체제가 아니다. 그렇더라도, 이런 접근은 자질이 다른 곳으로가 아닌, D로 이동한다는 비교적 상세한 규칙을 함의하고 있다. 더욱이, 자질에 대한 원천적 접근법은 여타의 다른 경우까지 일반화하기가 어렵다. 이동과 일치를 단일화 할 수 있는 경우는 단지 부분적일 뿐이다: 일치연쇄는 구 이동에 의해서 형성된 연쇄와 달리, 두 군데 이상에서 명시되고, 일치의 목표가 되는 대상은 통사적으로 복잡하지 않다. 이는 구(phrase) 이동의 착지점이 통사적으로 복잡할 수 있는 것과 다른 점이다. 따라서, 설사 일치가 자질이동이라고 제시 해본들, 우리는 여전히 두 가지 상황을 구분해야 하는데, 이는 엄밀 원천자질 체제에서는 분명히 불가능할 것이다.

이에 대한 대안으로, 일치 의존성은 근본적으로 통사적이지 않다고 말하고, 또 접합면 제약조건이 이런 일치현상을 강요하는 중요한 역할을 한다고 말하는 것이다. 이 대안은 Dowty and Jacobson(1989)에서 주장된 것인데, 그들은 일치를 의미현상으로 분석하였던 것이다. 그러나, 다양한 명사구에서 격과 성의 일치관계를 보여주는 형태소들의 출현을 예로 들어보면 이들은 명명백백하게 통사적 일치라고밖에 할 수 없다(Svenonius 2007). 뿐만 아니라, 이런 현상은 국부적인 통사조건에 의해서 제약을 받고 있어서, 형태부로 귀속시킬 수도 없다.

따라서, Adger & Svenonius(2010)는, 인간의 자연언어에는 통사적 일치현상이 분명히 존재하고 있으며, 통사적 자질체제가 100% 원천적이기만 할 수는 없다는 최소주의 연구 흐름을 옹호한다.

1.3. 자질 부류

인간의 언어를 설명하기 위해서 제안되었던 지금까지의 모든 자질체제는 암암리에라도 (자질은) 조직화 되어 있다고 전제하고 있다. 예를 들면, N, V, A, P, C, T, D같은 범주는 병합에 가시적이며, 나머지 자질은 (Past 같은 V-자질이던 edge 자질이던) 병합에 비가시적이다. 혹은 N,

V, A는 의미역을 할당하지만, 나머지 자질은 어휘자질이라도 의미역 할당에 관여하지 않고, 혹은 C, T, V는 하나의 기능층위를 구성하지만, P, D, N은 별도의 확대 투사범주를 구성해서 새로운 기능층위를 구성한다. 혹은, NOM, ACC, DAT, GEN등의 자질은 격여과 장치(Case Filter)를 만족시키고,[2] PLURAL, PARTICIPLE, SPEAKER등의 Ø-자질은 일치 과정에 복사되지만 나머지 자질은 그렇지 않다.

자질의 일부 참집합에 적용되는 규칙이나 특성은 자질의 부류 (CLASS)를 나타낸다: 이렇게 자질부류를 가진 체제는 암시적 기하학적 체제로 원천 자질을 배열하는 체제와는 확실히 차이가 있고, 그보다 훨씬 강력하다고 말할 수 있다.

논의를 위해서, 위의 체제를 약간의 형식을 갖추어 진술해 보자. F 는 위의 (3)과 (4)에 정의된 대로라고 이해하기로 한다.

(7) 자질부류(Feature Class)
자질 부류는 F의 참집합 O이며, 여기서 O의 멤버들은 통사적 관련성이 있는 특성을 공유한다. 예를 들면, N, V, A, P, C, T, D 는 CATEGORY(범주)라는 자질부류의 멤버들이다; NOM, ACC, DAT, GEN은 CASE(격)라는 자질 부류의 멤버들이다; SPEAKER는 PERSON(인칭)이라는 자질 부류의 멤버이다. 자질 부류는 따라서, 완전히 외연적 정의가 된다.

위에서 언급한 이런 체제가 전형적인 비순환적-기하학적으로 조직 화한 그래프 자질이론보다 기술적인(descriptively) 면에서 우월하다는

---

2) 혹은 격자질(case feature)

점을 확인하기 위해서, 다음을 생각해 보자. 우선 어떤 그래프도 자질집합의 집합으로 표현되며, 그래프상의 각각의 절점은 그 절점이 관할하는 모든 절점의 집합이지만, 모든 절점들이 반드시 하나의 절점은 아니다. 예를 들어, {A,B}와 {C,D}라는 부류로 구성된 자질 체제 같은 것이 있고, 문헌에서 예를 찾자면 Chomsky(2000a)에 의하면 C, v는 국면핵이고, v, V는 의미역 할당자이다.[3)]

이제는 조금 다른 속성-값 행열(매트릭스)의 개념을 논의해보자. 이 개념은 '값결정(valuation)'이라는 개념을 허용하기 때문에 보다 더 강력한 기술력(descriptive power)을 가진다.

자질 부류를 허용하는 체제는 원천적이지 않다. 왜냐하면, 자질은 문법에서 이미 자체적으로 '활성화 된' (자질)부류라는 것에 속하는 특성을 가지기 때문이다. 즉, 이런 자질들은 특정 부류에 속하고, 문법기술에는 이렇게 특정 부류를 언급하거나 의존하는 규칙이나 원리들이 존재한다는 말이다. 예컨대, 하나의 어휘요소 'me'를 예로 들어보자: [D, ACC, SPEAKER]라는 자질을 표현할 것이다. 여기서 이런 표시법은 이런 자질체제가 원천적인지 아닌지에 대해서 아무 정보도 주지 않지만, 실제로 자질부류는 거의 언제나 전제되어 왔다.

1.3.1. 이차 자질

우리가 앞에서 자질부류를 기술하면서, 어떤 한 자질이 특정 부류에 속하는지 아닌지를 논의하였다. (DATIVE는 CASE자질인가 아닌가, 등) 어떤 부류도 자질의 특성으로 표현될 수 있으며, 실제로는 '자질'이라는

---

3) 물론 엄밀히 말하면, v^*에 해당되는 타동사의 경동사인 v만이 국면핵이다.

용어를 '자질' 혹은 '자질부류'라고 불렀다. 예를 들어, DATIVE는 만일 dative의 여격 DP가 다른 DP와 달리 행동한다면 '자질'이지만, 혹자는 Case Filter를 기술할 때, DP는 반드시 CASE 자질을 가져야 한다고 진술할 수 있다.

그렇다면, 우리는 자질부류가 그 자질을 기술할 때 사용할 수 있는 술어로 생각할 수 있다. 여기서 술어는 그 언어의 자질에 모두 존재하는 것(실제로 UG에 있는 것)이라고 말 할 수 있다. 따라서, ACC는 언제나 격 CASE 자질이지, 시제 TENSE 자질일 수 없다. 이런 방식을 따르면, 자질-유형화는 매우 간단해 진다.

그러나, 실제로 우리는 특정 자질을 특정한 특성과 연관 지어야 할 때가 가끔 있다. 예를 들면, C를 이야기 할 때, EPP를 언급하기도 하고 하지 않기도 한다. 이런 비대칭의 문제를 인식하기 위해서, 몇몇 경우에 한해서 자질 F가 가질 수 있는 특성을 나타내주는 이차 자질을 도입할 필요가 있다. 자질부류와 달리 이차 자질은 자질유형(feature type)이라기 보다는 자질의 표현에 나타난 특성이다. 따라서, 어떤 일차 자질은 EPP를 가질 수도 있고 가지지 않을 수도 있기 때문에, EPP는 자질의 부류라기보다는 이차 자질에 속한다고 말할 수 있다.[4)]

---

4) 사실 자질의 부류(feature-class)와 이차 자질은 어떤 특정 자질의 각기 다른 특성에 속한다고 하겠다. 예를 들면, 자질부류는 자질 표현에 대해 고정적이고, 이차 자질은 변동성이 있다.

(8) 이차 자질(second-order feature)의 정의는 일단 일차 자질이면서 통사적 현상이나 운용에 체계적으로 관여함으로써 다른 자질과 구별되는 자질을 이차 자질이라고 한다. 즉, [C, EPP]를 비통사적 뭉치나 혹은 (자질)부류 EPP가 C를 포함하는 것으로 생각하기보다는, 일차 자질인 C가 이차 자질인 EPP와 결합한 것으로 생각할 수 있다는 말이다.

  최소주의가 아닌 여타의 언어이론 연구에서 이차 자질의 가장 대표적인 예는 마이너스 싸인('−')이며, 종종 부정(negation)을 의미한다고 해석된다. 이런 이분지적 체제에서는 [A]와 [B] 합집합은 [A,B]이며, [A]와 [−B]의 합은 [A, −B]이다. 그러나 자질 [A]와 자질 [−A]의 합은 불가능하거나 공이다. 이런 경우가 해석 비해석성(uninterpretability)에 해당된다고 주장하는 학자들도 있다. 부정을 나타내는 경우가 없다면, 그런 비호환성은 다른 요인으로 배제되어야 한다. 실제로 '−' 표시는 형태론에서는 자주 쓰이지만, 최소주의에서는 자주 쓰이지 않는다. 우리는 다음에 비해석성이 어떻게 사용되는지 논의해보기로 한다.

  최소주의에서 이차 자질은 구조의존성을 포착·설명하는데 사용된다. 이런 생각은 최소주의에서 여러 번 출현한 아이디어이다. 강력최소주의 대 약최소주의(Chomsky 1993); 해석성 대 비해석성 자질(Chomsky 1995b); EPP 특성을 가진 자질과 EPP 특성이 부재한 자질(Chomsky 2000); 그리고 값이 결정된 자질과 결정되지 않은 자질(Chomsky 2001) 등의 모습으로 여러 차례 출현하였다. 이러한 특성자체의 각각은 다른 자질과 연관을 맺고 있는 자질로 이해될 수 있겠다.[5]

---

[5] EPP는 원래는 INFL의 고정 이차 자질이라고 주장되었으나, 최근 Chomsky

각각의 이러한 자질들 자체는 다른 자질과 연관을 맺고 있는 자질이라고 해석될 수 있을 것이다.

비록 이차 자질의 내용은 최소주의에서 다양하게 실현되면서, 여러 가지로 변화하였지만, 이차 자질의 핵심적인 내용은 변함이 없었다.

이차 자질을 어떻게 해석할 것인가 하는 부분의 문제에는 두 가지 가능성이 있다. 이차 자질은 '접합면에서 해석을 받는다'고 하던지, 혹은 '통사부 자체 내에서 운용에 의해 해석을 받는다'라는 두 가지 가능성이 있다. 이 두 가지 가능성이 모두 고려되었는데, 예를 들면 Chomsky(1993)에는 강도(strength)라는 것이 SM(감각-운동) 접합면에서 비해석성으로 간주되어야 한다고 주장했었고, Chomsky(1995)에는 강자질이 병합이 되어 도출과정에 진입하면 즉시 점검되어야만 하는 자질이라고 주장했었다. 첫 번째 가설은 이런 특성을 외부체제와 연관 짓는 것이고, 두 번째 견해는 통사부 자체 내에서 일어나는 일이라고 생각하는 입장이었다.

자질의 강도(strength)를 더 양분하는 방식은 강자질이 그 자질을 가지고 있는 범주의 지정어 위치로 이동해서 만족되거나, 혹은 그 범주 자체로 이동해 들어가서 만족될 수 있다. 예를 들면, Chomsky(1993)는 T핵은 그 지정어가 DP로 채워지도록 촉발하는 강자질을 가지고 있고, 동시에 T핵 범주는 동사로 채워지도록 하는 강자질을 가지고 있다고 제안했다. 이런 경우, 흔히 T핵은 EPP자질이 있는데 이 EPP 자질은 그 지정에로 DP를 유인하는 요인이 되고, T 핵 자신의 위치도 또한 (조)동사로 채워지도록 한다.

(2000a:10)에서는 유동 이차 자질이라고 볼 수 있다.

Chomsky(2001)에서는 자질의 EPP 특성이 (자질)강도의 개념을 대체하였다. 따라서, EPP는 이 특성을 가진 범주의 지정어 위치로 어떤 통사단위가 병합될 것을 요구하는 형식적인 특성이다. EPP는 강도보다 일반적이라고 할 수 있는데, 그 이유는 병합될 요소의 특성을 명시하지 않기 때문이며 따라서 덜 제약적이다.

자질강도와 EPP는 부합자질을 가지고 있는 요소들간의 순서와 위치를 결정하는 방법이다. 그러나 보다 더 근본적인 것은 자질 부합의 개념 자체이다. 즉, 자질의 어떤 특성이 다른 자질과 부합되어야 할 것을 요구하는가? 최소주의 통사론에서 통사구조적 의존성을 확보하는데 필수적인 것이 바로 (비)해석성이라는 특성이다(Chomsky 1995b: 277ff). 핵심적인 포인트는 이 비해석성이 자질부합의 원동력이며, 일단 부합된 비해석적 자질은 삭제된다는 점이다. 자질부합은 도출의 구조에 따라 제한을 받는데, 비해석적 자질은 자신의 자매관계에 있는 요소를 탐색하도록 한다. 이 탐색과정은 부합되는 자질이 발견되거나, 아니면 국면 경계(phase boundary)같이 탐색을 방해하는 다른 장애물이 생기면 끝이 난다.

자질 대 자질의 관계에서 바로 이 해석성/비해석성의 비대칭은 도출체제 안에서는 비교적 자연스러운 현상이다. 왜냐하면, 비해석성 자질 이야말로 바로 도출자체를 촉발하는 원동력이기 때문이다. 한편, 해석성 자질은 도출의 최종 표시에 사용되며, 의미부(혹은 음성부)에 연결된다. Brody(1997)는 핵심점검(bare checking)이론이 표시 체제(representational system)에서 보다 더 자연스러울 수 있다고 제안하였다. 그런 체제에서는 자질은 그 자질이 존재하는 곳에서 해석되며, 그런 자질들이 성분통어와 국부성을 준수하는 적정한 통사관계 속에 존재한다면, 부합된 자질 해석의 문제는 적정한 연쇄위치의 문제로 귀결될 것이다.

Adger & Ramchand(2005)와 비슷하게, Frampton & Gutmann (2000, 2001)은 바로 이런 특성을 가진 자질 공유의 (도출기반) 일치 모델을 개발했는데, 이 모델에서는 "일치가 되면 즉시 한 번에 해석할 것 (Interpret Once under Agree)"이라는 접합면 원리가 있다. 이러한 모델에서는 자질이 해석되지 않는 경우들은 있지만, 해석이 없는 통사자질은 없다. 물론 Chomsky(1995b:278-279)에서 Case가 바로 그렇게 해석이 없는 통사자질이라고 주장하였다.

만일 자질 부합과 이동이 항상 함께 발생한다면, 우리는 모든 것을 두 해당 자질 사이의 국부적 형상구조를 만드는 하나의 특성으로 축약할 수 있다. 그러나, 분명히 명시적 이동 없이 자질부합이 요구되는 경우가 있기 때문에 이런 접근은 경험적으로 옳지 않은 것 같다. 예를 들면 다음의 예에서 제휴어인 'many men'의 수 자질은 이동과 상관없이 점검되어야 하기 때문이다.

(9) a. *There seems to be many men in the garden
     b. *There seem to be a man in the garden

1.3.2. 값결정(Valuation)

이차 자질 평가는 해석성의 문제보다 더 복잡하다. 왜냐하면, 하나의 자질은 단순히 값이 결정되었다든지 아니면 결정되지 않는다든지의 문제가 아니고, 무엇(something)으로 결정되었는가 하는 문제이기 때문이다. 따라서, 엄격히 말하면, 결정의 특성이라기보다는 기능에 속한다고 볼 수 있다.

자질 부류를 단순하게 체제화하면, 이는 집합으로 표현될 수 있다. 집합의 이름은 자질 부류이고, 규칙은 집합의 모든 요소들에 일반적 영향을 미친다. 이렇게 자질 부류를 집합으로 표시한다 해도, 이 자질부류가 바로 값결정이 되지 않은 자질('unvalued')의 개념이 되는 것은 아니다.

Chomsky(2001)는 '비해석성'이라는 것이 자질 점검을 추진하는 힘이라고 생각했었다가, 결정값이 없는 자질이 자질점검을 하는 힘이라고 생각을 바꾼다. "값결정(valuation)"의 정의는 다음과 같다. 한 부류의 자질(과 속성)은 고정된 이차 자질을 가지고 있고, 그 이차 자질은 값이 결정되면 되면, 다른 자질의 부류를 택할 수 있다. 이를 형식적으로 표시하면 다음과 같다.

(10) 값 결정된 자질(Valued features)
   a. 값 결정된 자질은 <Att, Val>의 순서쌍이다.
   b. Att는 {A,B,C,D,E…} 등의 속성으로부터 선택되어져 나온 것이다.
   c. Val은 결정 값의 집합 {a,b,c,…}로부터 선택되어져 나온 것이다.

위에서 논의하는 '속성'은 (7)의 정의에 따르면 일종의 자질 부류이다. 그리고 결정값은 (3)의 정의에 따르면 자질이다. 만일 속성이 결정값이 없어도 된다면, 결정값이 없는 것은 이차 자질의 한 종류라고 말할 수 있을 것이다. 실제로, 자질의 특성이라기보다는 자질 부류의 한 특성으로 간주 할 수 있다.

만일 이런 특성을 가진 이차 자질을 허용한다면, 몇 가지 중요한 의문이 생길 수 있는데, 이들 의문에 대한 대답은 자질이론을 다르게 정의하는 것이 될 것이다. 이 체제 안에서, 자질강도와 해석성을 모두 다 살피는, 즉 다중의 이차 자질을 허용할 수 있을까? 혹은 단 하나의 자질만을 살펴야 하는가? 개개의 자질이 여러 개의 이차 자질을 가지는가 아니면 단 하나의 이차 자질만을 가지는가? 자질들의 참 집합만이 이차 자질을 가지는가? 아니면 모든 자질들이 다 이차 자질을 가지는가? 혹은 자질들이 자신들이 가진 이차 자질의 관점에서 일정 부류로 조직화 되는가? 만일 자질 부류가 있다면, 그 자질 부류 중 몇 자질들은 이차 자질의 참집합을 가질 수 있도록 유형화 되어 있는가 아니면, 나머지는 다른 참집합을 가지는가? 이렇게 상당히 최소주의적인 환경과 설정에서도 너무 많은 선택의 여지가 있음을 알 수 있다.

예를 들어, Adger(2003)는 상당히 풍부한 자질체제를 제안하면서, 하나의 자질은 우선, 해석적일 수도 있고 비해석적일 수도 있으며, 둘째로 결정값이 있을 수도 있고 없을 수도 있고, 셋째, 약할 수도 강할 수도 있다. 해석성의 문제는 통사적 의존구조를 구축하는데 사용되고, 결정값의 요소는 특정한 형태적 범주를 일치와 연결시키는데 사용되며, 자질 강약의 문제는 두 자질 사이의 이동 촉발에 관여함으로써, 국부성을 보장해주는 요소였다. 처음 두 특성을 구분 짓는 것은 설사 결정값이 있다고 하더라도, 격자질은 비해석성 자질이라고 판단되었기 때문이다. Pesetsky & Terrego(2007)는 자질의 해석성과 결정값의 유무로 판단되는 위상에는 차이가 있다고 주장하였다.

자질을 속성과 결정값으로 구조화해 놓은 체제에는 그 밖에도 다른 선택의 여지가 있다. 속성과 값이 자체적으로 이차 자질을 가질 수 있는가? 결정값이 자질 구조에 계속적으로 허용되면서, 속성의 집합으로부터 선택될 수 있는가? 이 방식은 Pollard & Sag(1994)가 선택한 방식으로 HPSG의 방식이다. 결정값이 구조화되어 GPSG에서나 SLASH에서처럼 통사체로 구성될 수 있는가? 일반적 최소주의 통사론에서라면 Adger가 제안한 No Complex Values Hypothesis처럼 개개의 어휘에서 다루어지기 보다는 통사부에서 다루어져야 한다.

기타 또 다른 의문점은 지금까지 논의한 종류의 이차 자질 이외에 다른 이차 자질들이 또 있는가 없는가 하는 문제이다. 예를 들면, 어떤 자질들은 '삼투되는' 특성을 가지고 있거나, 아니면, 변형생성 문법식 고유의 투사방식 이외의 방식으로 투사되는 경우가 있을 수 있는가? 하는 문제이다. 분명한 것은 그 선택의 여지가 좁으면 좁을수록 이론은 더 간단해 진다는 점이다.

1.4. 자질들과 통사부의 상호작용

통사부가 얼마나 많은 접합면과 접하고 있는지 정확히 말하기는 어렵지만, 적어도 두 개의 접합면이 있다는 것은 확실하다. 하나는 인식(perception)과 표현(감각·운동) 접합면이라는 것이고, 나머지 하나는 의미와 관련 있는 접합면이다. 후자, 즉 의미와 관련 있는 접합면은 생각, 인식 등과 관련이 있으며, 개념·의도의 C-I 접합면이다. Svenonius(2007)를 따라, 통사음운부에도 작용하고 의미해석부에도 작용하는 자질을 접합면 자질이라고 부르겠다. 통사부에서만 역할을 하는 자질은 통사부내 자질이라고 부른다. 그런데, 이런 방식의 용어를 따르자면, 통사부에서 가시적인 모든 자질은 접합면 자질인가 아닌가를 물을 수 있다. 혹은 순전히 통사적 운용자체에만 관여하는 통사부내 자질은 존재하는가를 물을 수 있다.

최소주의 통사론에 의하면, 통사적 운용은 그 수가 매우 적으며 광범위하다. 흔히 Agree라고 부르는 자질부합의 운용을 이미 논의했는데, 이 Agree이외에도 다른 두 가지의 핵심적인 운용이 더 있다: 바로 병합과 이동이다. 병합의 기능은 작은 통사적 구조물로부터 보다 더 큰 통사단위를 구성하는 것이며, 병합은 A와 B라는 독립적 개체로부터 C라는 별도의 개체를 형성하고, 여기서 A와 B는 직접구성소(immediate constituents)가 된다. 이동이란 것도 같은 일을 하는데, 차이점은 A안에 있던 B를 추출해 내는 것이다. 이동을 이런 정의로 파악한다면, 병합의 한 변이종이다. 우리는 이미 외부병합과 내부병합에 대한 설명을 다 했으며 이제 곧 이에 관한 구체적인 논의를 제시하겠다.

1.4.1. 병합은 내부병합과 외부병합

자세히 잘 관찰해보면, 병합에는 적어도 3가지의 예가 있으며 이들은 서로 구분되어야 한다는 것을 알 수 있다. 확대 투사체의 병합, 보충어 병합, 그리고 지정어 병합 경우가 이에 해당된다.[6] 첫째, 확대 투사체의 병합이 있는데, 이는 범주자질의 기능적 순서(예를 들어, V위의 v, 그 위의 T, 그 위의 C)에 따라 병합되어 나간다. 만일 기능의 순서가 범주자질 보다 우선적으로 진술된다면 굳이 추가적으로 선택자질(selectional

---

[6] 부가어를 왜 함께 구분하지 않는지에 대해서는 이론이 많이 있을 수 있다. 부가어를 지정어와 동일한 위상의 요소로 파악하는 학자 중에 Kayne(1994)이 있고, 이와 달리 별도의 요소로 파악하는 학자들도 있다.

features)을 설정할 필요가 없다.

둘째로, 어휘범주를 내부논항과 연결하는 병합이 있다. 예를 들어 형용사, 명사, 동사 등이 보충어를 하위범주적으로 가지고 있는 경우가 이에 해당된다. 특정 동사는 시제 보충어를, 혹은 비시제 보충어를, 아니면 예나 혹은 PP를, 또는 보충어를 전혀 요구하지 않는 등의 특성을 보이는데,[7] 이 병합은 전통적으로 하위범주화라든지 아니면 C-선택(범주선택)안에서 기술되었었다.

자질들이 C-선택에 어떻게 관련이 있을 수 있는가에 대해 두 가지로 생각해 볼 수 있다. 널리 받아들여진 견해는 C-선택이 거의 없거나 아주 없다고 생각하는 방식이고, 따라서, 보충어의 결정은 비통사적 요인에 의해서 결정된다고 보는 견해이다(Borer 2005). 나머지 다른 견해 하나는 자질의 조작을 통해서 C-선택을 수행하는 것인데, 예를 들면 목적어를 선택하는 동사로 하여금 이런 작업을 수행하게 하는 것이다(Chomsky 1965, Emonds 2000). 중요한 것은, 그런 자질은 어떻게 점검되는가에 대한 국부성 제약조건의 적용을 받게 된다. 왜냐하면, C-선택이란 언제나 국부적이기 때문이다(Baltin 1989). Svenonius(1994)는 C-선택을 핵이동과 관련시킴으로써 이 문제에 대한 의견을 제시했으며, Adger(2003)는 이런 범주자질이 언제나 강자질이어서, 국부 점검을 요구한다는 안을 제시하였다. 한편 Hallman(2004)은 C-선택을 위한 점검 영역을 상호 성분통어의 개념으로 제시하였다.

병합의 세 번째 경우는 논항이 지정어 위치로 병합되는 경우이다.

---

[7] 동사에 따라서, 시제를 가진 보충어를 선택할 수도, 비시제 보충어를 선택할 수도 있고, DP나 혹은 PP를 보충어로 선택할 수도 있으며, 심지어는 보충어를 선택하지 않는 동사도 있을 수 있기 때문이다.

이런 병합이 일어날 조건은 다른 보충어의 병합 경우와 다르고, 자질도 다를 것 같다. 한 가지 예를 들면, 모든 보충어가 병합될 때까지 지정어는 병합되지 않는데, 지정어는 보충어를 비대칭적으로 성분통어하는 것이 명백하기 때문이다. 더욱이, 주어와 그 동사 사이에는 C-선택의 관계가 존재하지 않는다(Chomsky 1965). 오늘날에는 주어는 문장의 동사에 의해서 도입되지 않고, 오히려 일종의 기능범주에 의해서 선택된다고 인정되고 있다(Chomsky 1995b, Kratzer 1996). 만일 기능범주와 어휘범주 사이의 구분이 수용된다면, 이 비대칭적 관계는 어휘범주에 가해지는 하위범주적 자질의 제약조건으로 구분 가능할 수 있다.8)

그런데, 내부병합, 즉, 이동은 지정어/핵의 위치에서만 가능하고, 보충어의 위치로는 불가능하다. 따라서, 보충어를 선택하는 형식의 C-선택 자질은 이런 경우에 해당이 없다. 내부병합은 위에서 언급한 제 3의 외부병합의 경우 즉, 논항을 지정어에 병합하는 일과 통합될 수 있다.

바로 여기서 강도/EPP의 이차 자질이 역할을 하게 된다. 위에서 언급한 바와 같이, 부합자질을 가진 아래 쪽 요소를 포함하는 어떤 범주가 부합된 자질의 위쪽에 있는 어떤 위치로 이동할 것을 요구한다. 그러나, 자질강도와 EPP는 다르게 행동하는데, 그 이유는 EPP 자질은 만일 어떤 범주라도 지정어로 병합되면 만족이 되지만, 자질강도 요건은 부합되는 범주의 투사체가 이동할 것을 요구하기 때문이다. 그런데, 아이슬란드어에서 발견되는 문체적 전치(Stylistic Fronting)를 설명하려면, EPP 공식을 좀 더 느슨하게 할 필요가 있어 보인다(Holmberg 2000b).

---

8) 동사-보충어의 관계는 C-선택이지만 주어-동사의 관계는 C-선택이 아니라는 점이 비대칭적이다. 또한, 동사는 그 보충어를 성분통어하지만, 동사는 주어를 성분통어하지 않는다.

왜냐하면, 아이슬란드어 문체적 전치의 경우, 어떤 범주라도 이 조건을 만족시키고, 가장 가까운 적정 범주가 이동하기 때문이다. 그러나, 대부분의 경우 이동은 특정 자질을 목표로 하고 있는 것 같다.

논항이 지정어로 이동하는 것과 내부병합을 완전히 통합할 수 있느냐 없느냐 하는 문제는, 탐침이 요구하는 병합의 종류를 명시하고 있는가와 부분적으로 관련이 있다. 전형적인 EPP의 경우는 그 어느 쪽으로도 만족이 되었다. 즉 내부병합으로나 외부병합으로나 다 EPP가 만족되었던 것이다. 만일 인간의 언어에서 발견되는 일치현상과 이동에 대해서 통합된 분석을 제시하려면, 어느 정도는 내부병합으로 이루어져야 할 것이다. McCloskey(2002)는 아이리쉬어의 보문소는 지정어인 pro가 내부병합에 의한 것인지 외부병합에 의해서 지정어 위치에 오게 된 것인지를 구분한다고 주장하였다.

이동을 옹호하는 또 다른 대안을 주장한 사람은 Starke(2004)가 있다. Starke에 의하면, 무엇인가가 기능범주의 병합순서를 촉발을 해야 한다고 주장하면서, 이 기능범주의 병합순서를 촉발하는 그 "무엇인가"가 지정어로의 이동도 또한 촉발한다고 주장하였다. 그가 제안한 기제는 기능범주 순서(functional sequence)인데, 바로 이 기능범주의 순서를 이용하면 전통적인 지정어-핵의 관계는 대체될 수 있다고 제안하였다. Starke의 제안대로라면, 핵 범주인 X^0의 병합을 인허하는 제약조건이 무엇이든 간에 이 이동한 요소는 그 제약조건을 지킨다. 이 제안은 지정어와 핵의 개념을 통합하는 흥미로운 제안이며, 적어도 기능핵과 그 지정어 구분의 벽을 허문다는 결과가 생긴다.

1.4.2. Agree(일치)

1990년 이후로 최소주의 연구논문들에서 살펴보면, 자질점검이란 매우 국부적인 형상구조에서만 가능했으며, 이 국부적인 형상구조는 점검영역(checking domain, Chomsky 1993)이라고 불려졌다. 멀리 떨어져 있는 목표(goal)는 그 자질을 점검하기 위해서 탐침(probe)과 국부적인 관계를 맺을 수 있는 곳으로 이동해야 했다. 그러나, 자질이 이동을 촉발하는 것으로 전제되었기 때문에, 이런 이동이 발생하기 전에 이 국부성의 관계가 형성되어야만 했다; 따라서, Chomsky(2000a, 2001)와 그 후 일련의 연구에서, AGREE라고 명명된 점검기제가 멀리 떨어진 자질들 사이의 관계를 마련해 주는 것으로 생각되었다. 국면은 Agree관계에 제약을 가하는 국부성 이론의 일부이다. 이와 달리 Hornstein(2009)은 Agree는 점검 영역에 한해서만 적용되며, 이동과는 구별되어야 한다고 주장하였다.

이미 언급된 바와 같이, 접합면에서는 특별한 해석이나 역할이 없으므로 Agree는 통사내부의 운용이다. 마치, 이차 자질의 평가가 통사내부의 자질로 분류된 것과 같다. 한편, 만일 Agree가 해석가능자질과 비해석성 자질의 쌍을 부합시키는 역할을 하는 것이라면, 그리고 해석성이란 것이 접합면에서 해석가능함을 의미한다면, (비)해석성이라는 이차 자질은 접합면 자질이다.

1.4.3. 인허(Licensing)

자연언어의 다양한 현상은 '인허'라는 주제 하에 논의되었다. 예를 들면, 대용어 현상, 극어 현상, 생략의 위치, 흔적들과 일정한 형상구조 속에서 인허되어야 할 필요가 있다고 주장된 많은 요소들이 존재해 왔다. 최소주의 프로그램을 따르는 대부분의 연구문헌들은, 이런 인허 현상들이 자질의 관계로 흡수 통합되어야 한다고 주장하였다. Kayne(2002)이 이동의 관점에서 결속이론을 살펴보거나, Zeijlstra(2004)가 비해석성 부정자질(negative features)을 점검하는 관점에서, 부정일치(negative concord)를 분석하였다. 혹은 이런 현상들을 별도의 모듈에서 처리해야 한다고 주장되기도 했는데, 그러나 최소주의는 결속 모듈이나 의미역 모듈같이 별도의 통사적 모듈을 설정하는 것을 원치 않았다. 만일 이들을 별도의 통사모듈로 처리한다는 말은, 기존의 통사기제로 처리할 수 없는 이러한 현상을 통사 영역 밖에 두어 의미부에서 처리되도록 한다는 뜻이 된다. 의미부는, 해석관련 현상만을 처리하는데, 예컨대 Chomsky & Lasnik(1993)은 결속현상을 해석의 과정으로 처리했으며, 극어 인허 현상도 의미적 관점으로 처리되는 것이 정상적이라고 생각했다.

1.5. 자질과 접합면

여기서는 통사부에 가시적인 형식자질과 통사부의 접합면 체제의 관계를 논의하겠다.

1.5.1. sensori-motor(감각 운동)

예외적으로 'sheep'의 복수형이 sheep+Ø(영 형태소)로 나타나기도 하지만, 특정 자질은 어떤 방식으로든 일관성 있게 철자화 된다. 예를 들면, 영어 명사의 경우 복수 자질은 -s(또는 그 이형태의 모습으로)로 철자화 되는 것이다. 이 점은 쏘쉬르가 말했던 바와 같이 음운/음성적 내용과 통사의미적 내용이 결합한 쌍은 순전히 서로 임의적이라는 것이다.

Aspects에서 그랬듯이 Chomsky(1995b)는 이 임의적 쌍이 음운자질과 통사자질을 연결하는 어휘부에 목록화 되어있다고 하였다. 강력어휘가설 모델에서는 어휘부는 연산작용의 입력물이다.9) 혹은 대안으로, 입력 부호와 나중에 그 입력 부호를 대체하는 어휘요소는 구별되어야 한다고 주장할 수도 있다. 이 개념은 "후기 삽입(Late insertion)"이라고 알려져 있는데, 이 개념은, 복잡한 형태적 구조물이 통사적으로 구축되고 난 후 "철자화" 운용의 일부로써 연산작용을 거쳐 음운형태와 결합되는 방식이다.

이 접근방식은 보다 더 명확하게 비연속적으로 의미-소리 연결관계를 설명할 수 있는 방식으로 확대 가능하다. 예를 들어, 만일 Igbo어 같은 언어에서 소유주(possessor)가 high tone으로 표시되는데, 이것은 초분절적 음운내용을 가진 형태소가 삽입된 것을 보여준다.

때때로, 비분절음적 음운 특성이 통사자질과 연관이 되어 있는 경우가 있다. 예를 들면 상승 어조는 영어의 yes/no 의문문과 연관이 있다.10) 만일 음운정보와 통사내용의 결합 쌍이 임의적이고, 원칙상 음조

---

9) Chomsky(1957)는 Lexicon에 관한 한 Transformationalist 모델이라고 할 수 있다. 따라서 어휘부는 상대적으로 작은 부분을 차지하면서, 예를 들면 DESTROY만 목록에 들어있고, destroyed, destroying, destruction 등의 파생어나 굴절된 형태는 목록화 되어있지 않았다. 그러나, Aspects 모델은 시제소가 있는 굴절형태의 단어는 여전히 어휘부에서 제외되었지만, DESTRUCTION같은 파생어는 별도의 어휘항목으로 들어가게 되었다. 따라서 이런 관점은 Lexicalist라고 부르고, 1995년 이후의 최소주의에서는 모든 어휘요소들이 다 굴절된 채 어휘부에 기재된다는 생각으로 바뀜에 따라 이를 Strict Lexicalist(강력 어휘주의가설)이라고 부른다.

곡선(intonational contour)이 다른 자질과 연관되어 있을 수 있다면, 이 경우는 어휘삽입의 한 예가 될 것이다.

자질이 SM과 연관될 수 있는 한 가지 방법은 철자화 과정에 지시 사항을 포함하는 것이다. 예를 들면, 핵-나중 언어의 경우에, 핵은 항상 보충어의 오른 쪽에서 철자화 한다든지, 아니면, LF이동의 경우에 연쇄는 언제나 그 꼬리에서 철자화 한다든지 하는 지시사항을 제시하는 것이다. 이것이 전통적인 명시적 이동과 비명시적 이동의 차이점이다. 만일 연쇄에서 가장 높은 연결고리만이 철자화되는 형상구조를 가지고 있다면, 모든 이동은 명시적일 것이다. 그러나 그것은 경험적 자료를 살펴보면 옳지 않다. 따라서, 연쇄의 특정한 연결자질이 명시적 이동과 비명시적 이동의 변이화(parameterization)에 필요할 것이다.

명시성의 문제와 관련하여, 도출기반 최소주의에서는 운용이라는 것이 철자화 후에 발생하는 것인지 아닌지에 관한 의문점이 존재한다. Chomsky(1995b)에서는 LF이동은 자질만이 이동하는 것이고, 명시적 이동은 유인되는 자질과 더불어 나머지 요소들이 대동 이동하는 것이라고 제안하였다. 여기서 명시성과 비명시성의 변이는 탐침의 기능이던지 혹은 목표의 기능이라고 하겠다. 예를 들면, 명시적 이동의 경우, 탐침은 추가적인 자질을 유인하기 위해 명시되고, 한편, 목표는 위로 삼투되는 자질을 가지는 것으로 명시될 수 있다. 각각의 경우는 통사 내부의 자질인 이차 자질과 관계가 있다.

Pesetsky(2000)는 LF에서 발생하는 구 범주 이동은 자질이동과 구별되어야 한다고 주장하였다. 만일 그의 주장이 옳다면, 추가적 구별이

---

10) 인간의 모든 언어에서 의문문이면 그 성조가 올라가는(rising intonation) 것이 보편적임을 발견했다고 한다.

필요할 것이다. 여기서 일반적 연쇄 선형화 원리 이외에도, 자질 강도의 개념이 다시금 도입되었다. 예를 들면, Nunes(2004)는 자질점검이 연쇄의 선형화를 결정짓는다고 주장했는데, 하나의 복사본이 자질을 점검하는 한편, 나머지 하나의 복사본을 생략함으로써 도출상 점검되지 않은 자질을 제거한다고 주장한 것이다.

그러나, Kayne(1994, 1998)이 주장한 바와 같은 체제, 즉, LF 이동을 허용하지 않는 엄격한 비대칭 선형화 체제라면, 그러한 자질은 존재하지 않을 것이고, 따라서, 통사부 선형화에 관여하는 자질은 없을 것이다. 그런 경우 선형화 알고리즘은 자질 이외의 정보에만 반응한다고 보아야 한다.

Brody(2000a, b)의 형태론에서는 관찰 가능한 여러 가지 '거울효과(mirror effect)'는 유지하면서도, 핵 이동은 없앨 수 있는 '거울이론'이 제안되었다.[11] 이 거울 이론은 기능(범주)순서가 변별기호 '*'로 표시된 위치에서 형태적 어휘로 철자화된다. 예를 들면 불어의 동사이동이 발생하는 구조는 T*-v-V 지만, 영어의 경우는 T-v*-V인 것이다. 여기서 Brody가 사용하는 '*' 표시는, 접합면 자질로써, 우리가 말하는 이차 자질에 해당된다. 이 자질은 실제 어휘자체와 연관을 맺는 것이 아니고, v 같은 통사자질과 연관을 맺고 있으므로 통사부에 존재하며, 음운부 어디서 해당 단어를 철자화 하는지를 지시하는 역할을 할 뿐이다.

선형화 이외에, 통사부-음운부 접합면 자질이 있을 수 있다. 예를

---

11) 원래의 '거울원리(Mirror Principle, Baker 1985)'에 의하면, "단어의 접사 순서는 통사규칙이 적용되는 순서를 반영한다(The order of affixes reflects the order in which the associated syntactic 'operations' apply)"는 생각인데, 그 후에 Brody 등에 의해서 더욱 발전하였다.

들면, 뒤섞어진 요소들은 음운적으로 강세를 잃게 된다. 만일 어떤 하나의 자질이 이동(뒤섞기 이동)을 거쳐 강세를 상실한다면, 이는 통사부-음운부 접합면 자질이라고 말할 수 있다

때로는 철자화 되지 않을 구성소를 자질이 표시해주기도 한다고 주장되기도 한다. Merchant(2001)의 E 자질 같은 것인데, 이 E 자질이 생략지점을 표시해 준다. 만일 이렇게 생략자질을 전제하지 않는다면, 대안으로는 어휘적인 대안이 있을 수 있다. 예를 들면 Lobeck(1995)처럼 생략의 지점에 일종의 영-대명사(zero pronominal)가 존재한다고 말하는 것이다.

Adger & Svenonius(2010)는 접합면 자질의 흥미로운 예로써, 초점강세를 들고 있다. 그 설명에 의하면, 영어를 포함한 몇몇 언어에서 단어는 강세를 받아 초점이 된다. 다음의 예를 보자.

(11) a. I only claimed that **CARL** likes herring.
     b. I only claimed that Carl likes **HERRING**.

위의 현상에서 흥미로운 점은, 만일 우리가 통사부에 대해서 고전적인 Y-모델을 수용한다면, 초점이 통사부뿐 아니라 음운부에도 표시되어야 한다는 점이다.[12] 왜냐하면 이 Y-모델에서는 의미부(초점은 의미의 일부로 봄)와 음운부는 통사부/어휘부를 통해서만이 연결되어 있기 때문이다. 그러나, 만일 우리가 이런 문법체계를 수용하지 않는다면, 초

---

[12] 여기 Y-모델이란 GB 문법틀을 의미하는 것이며, 이 모델에서 음운부(PF)와 의미부(LF)가 서로 연관 지어질 수 있는 방법은 통사부를 통해서만이 가능하다.

점현상은 음운부-의미부 자질로 설명할 수 있을 것이다. 특히 최근 들어 음운부-의미부도 서로 접하고 있으며 영향을 주고 있다는 주장이 많이 제기 되고 있다.

이와 달리, 통사적 접근 방식도 가능한데 이런 방식은 어휘적 방식이다. 즉, FOC라는 기능핵이 있고, 이 기능핵은 그 FOC가 자매관계가 있는 어떤 요소에라도 초점(강조)이라는 의미 내용을 운반해준다. 그러면, 그것은 초분절음적인 음운 내용을 실현하는 것이다. 그렇지만, 이렇게 설명하는 것은 상승된 피치와 강도가 초분절적 자질이라는 것을 나타내며, 이 초분절음적 자질은 원칙적으로는 어떤 의미와도 연관을 맺을 수 있어서, 예를 들면 과거시제라든지 부정현상과도 관련을 맺을 수 있다는 말이 된다. 다시 말하면 상승된 피치나 강도가 굳이 초점현상만을 설명하는 것이 아니라는 것이다.

한편, 만일 초점 자질이 별도의 어휘요소(FOC)가 아니라고 한다면, 이 초점자질은 통사부에 존재하는 자질이라고 해야 한다. 이 자질은 음운부에 "크게 발음해라"와 같은 지시사항을 내리고, 의미부에 "(여기에) 초점이 있다"라는 지시를 하는 것이다. 이때 의미적 지시사항은, 예를 들면 LF이동과 같은 일종의 통사적 운용에는 대응하면서도, 그러나 통사적 섬 현상에는 민감성을 보이지 않는 것이다.

요약하면, 반박 없는 절대적인 예는 찾기 힘들지만, 몇몇 통사 자질은 SM 접합면에서 해석을 가지는 것 같다. 선형화의 경우, 가장 그럴듯한 예는 철자화 연쇄의 머리와 꼬리에서 선택 사양이 다르다는 점일 것이다. 또 다른 경우는 발음되지 않은 현상(non-pronunciation), 그리고 정보구조와 운율대응 일치 현상이 될 것이다.

1.5.2. 의미

Adger & Svenonius가 논의하고 있는 통사적 자질이론에서 또 다른 중요한 부분은 당연히 의미이다. 그리고 의미와 연관을 맺고 있는 모듈이 정확하게 몇 개나 되는지, 그리고 서로간의 경계가 어딘지에 대해서 아무도 서로 동의하지 않고 있다. Aspects에 의하면, 몇몇 의미자질들이 선택제약을 설명하기 위해서 임시적으로 설정되었다. 예를 들면 *frighten*이라는 동사는 [+Animate]라는 유정목적어를 요구하기 때문에, #*The boy frightened sincerity*의 변칙성은 'sincerity'에 [+Animate]이라는 의미자질이 만족되지 않아 비문이라고 설명된 것이다.

그러나, 대부분의 이런 제약조건들은 다른 말로 바꾸어보면 곧 정문이 되고, 개개의 어휘요소에 연관되어 있지 않다는 점에서 순전히 의미적인 제약이다. *You can eat the result of a baking process*; **You can eat the result of a syntactic transformation*을 비교해보면, 두 문장이 다 *result*에 관련 있는 요소지만 *a baking process*가 있는 예문은 정문이고 *a syntactic transformation*이 있는 예문은 비문이다. 즉, 'eat the result...'까지 동일하기 때문에 하나는 비문이고 나머지 한 개는 정문이라는 차이를 동사가 가진 의미자질로 설명하는데 문제가 있다. 다시 말하면 이는 앞서 설명한 바와 같이 통어적 관계라기보다는 연항적 관계인 셈이다.

1970년대 이후에는 의미적 선택은 통사부의 일부가 아니라는 데 많은 사람이 동의하였으며, 이런 의미 선택은 사고의 영역인 개념-의도 영역이라는 별도의 모듈로 취급하게 되었다.

그러나, 'edibles'와 'inedibles'를 구별한다든지, 'draft animals'와

'mounts'를 구별하는 종류의 의미는 형식의미론이 연구하는 바가 아니다. 형식의미론에서는 언어의 논리, 집합이론, 술어 계산(predicate calculus), 혹은 다른 방식에 대해 연구한다. 양화현상, 부정현상, 등급현상, 한계성, 목적성, 복수의 개념 등이 바로 이런 형식의미론에서 연구하는 대상이 된다. 따라서 의미론은 그런 형식적 의미 분야에 대한 연구로 국한하고, 예를 들어 "순록(reindeer)이란 단어가 낙타(camel)란 단어와 어떻게 다른가?"라든지, 혹은 "'모욕'과 '농담'은 어떻게 다른가?" 등 애매하거나 원형에 기초한 의미 연구는 배제한다.

그렇다면, 통사자질이 의미와 어떻게 연관되는가 하는 문제는 "통사부의 일차형식자질과 이차형식자질이 의미표시와 어떻게 연관되는가?"의 문제가 된다.

예를 들어보자. 만일 통사 자질 중에서 이차 자질만이 **병합**, **일치**, **철자화** 등의 역할을 할 수 있는 문법모델을 한번 가정해 보자. 병합은 자질 X를 가진 요소와 하고, 연쇄의 꼬리에 있는 것만 철자화한다. 그러면, 의미적으로 해석 가능한 자질이 통사부에 가시적이 될 것이라는 증거는, 바로 그 해석가능한 자질이 병합, 일치 그리고 철자화라는 운용을 한다는 것을 보여주는 자료로부터 올 것이다.

예를 들어, '위험한'이라는 개념을 Wh-자질, 혹은 '부정(negation)'이라는 자질과 대조해보자. Wh-자질, 혹은 '부정(negation)'이라는 자질은 통사부에 가시적인 한편 또한 의미적 해석도 가지고 있다. 우선, 어떤 인간의 언어를 살펴보아도, '위험한'이라는 의미/개념을 가진 단어를 문장의 앞으로 전치시킨다든지, 또는 그런 개념을 가진 단어를 무조건 일률적으로 크게 발음한다든지 하는 언어는 없는 것 이다. 이와 대조적으로 '강조(FOCUS)'의 의사/의도를 전달하고자 할 때 강조되는 부분을 크게 발음한다든지, 휴지(pause)를 둔다든지, 아니면 통사적 어순변이가 일어난다든지 하는 것은 일관성 있게 관찰된다. 따라서, '위험한'이 통사적 자질의 역할을 하는 언어는 존재하지 않는 것 같다. '위험한'이 통사적 자질이 되려면, 상당히 일관성 있는 방식으로 유사한 행태를 보이는 통사요소가 발견되어야 하지만 그렇지 않다. 따라서, '위험한'이라는 개념은 마치 '순록'과 '낙타'의 차이가 속하는 영역과 마찬가지로 개념-의도적인 영역에 속한다고 하겠다.[13]

그러나, 부정(negation)은 '위험한' 이라는 자질과는 다르다. 부정이란 요소가 어떤 의미에서 통사적 자질이 될 수 있는가를 알아보기 위해서는 영어의 '부정어 도치(Neg-inversion)'를 살펴보자. 만일 부정의 요소가 주어의 왼쪽에 출현하고, 문장 내 술어 전체에 영향을 미치면, 동사는 왼쪽으로 이동해야 한다.[14]

---

[13] 혹자는 명사를 분류함에 있어서 이러한 자질에 민감한 분류가 가능하다고 주장할 수도 있겠다. 예를 들면, George Lakoff가 낸 유명한 책 제목 *Women, Fire, and Dangerous things*는 Australian 언어인 Dyirbal어에서는 동일한 성 자질을 가지고 있다고 주장되었다. *여자, 불, 위험한 물건들* 이라는 요소들이 통사적 운용에는 민감하지 않지만, 동일한 성 자질을 가진 동일한 그룹이라는 주장인데, 나중에 Plaster & Polinsky(2007)가 이를 반박하면서, Dyirbal어에서 '위험한 것들'이라는 개념이 성 부류를 나누는 기준이 될 수 없다고 주장하였다.

[14]   a. With no job would Kim be happy
          b. With no job, Kim would be happy
Liberman(1974)의 위와 같은 예문들은 그 의미상의 차이가 생기는 것이다. (a)는 조동사가 주어 앞으로 도치된 문장으로 부정어구가 문장 전체에 영향을 미쳐서, '직장이 없으면 Kim은 행복하지 않을 것이다'의 의미가 되지만, (b)는 부정어구가 문장 전체에는 의미를 미치지 않으며, 동사도 도치되어 있

(12) a. I have at no time betrayed this principle.

     b. At no time have I betrayed this principle.

     c. *At no time I have betrayed this principle.

(13) a. I have never betrayed this principle.

     b. Never have I betrayed this principle.

     c. *Never have I betrayed this principle.

    yes/no 의문문, wh-의문문, VP 대용어 형태인 *so*-구문, *only*가 있는 구문 등에서 시제절의 조동사가 제2의 위치로 옮겨가는 주어-조동사 도치가 요구되지만, 문장의 부정은 주어-조동사 도치를 요구하지 않고, 주어-조동사 도치도 문장의 부정을 요구하지 않는다. 그런데 어떤 경우는 문장 부정과 주어-조동사 도치의 관계가 임의적이지 않고 일관성 있는 경우가 있다.

    시제가 있는 조동사를 문장 앞으로 유인하는 특성은 이차 자질이며, 문장부정의 해석에 관여하는 특정한 자질도 이차 자질에 포함된다. 따라서, 우리는 NEG라는 특정 자질이 통사부에서도 일관성이 있는 특정효과를 보이지만, 의미부에서도 해석상 일관성을 보인다는 것을 말할 수 있다. 여타의 자질들이 통사부에서 동일한 행동을 보이는 한, 고정된 이차 자질이라고 할 수 있고, 만일 이 점에 있어서 언어마다 차이를 보인다면, 매개변항적으로 고정되어 있다고 말한다.

    Adger & Svenonius가 제시한 자료들 중 가장 흥미로운 자료는 의미자질과 통사적 운용이 극명하게 달라지는 다음의 예문이다. 그들은

지 않다. (b)의 의미는 '직장이 없어도 Kim은 행복할 것이다'의 의미가 된다.

의미해석은 통사적 운용과 항상 동일하게 생기는 것이 아니라는 증거로, '*no more than three*'(셋까지)와 '*at most three*'(최대 3)를 들고 있다. 이들 두 표현은 의미적으로는 서로 동일하다고 말할 수 있지만, 둘 중 한 가지 표현만이 부정어구를 포함하고 있고, 이 부정자질을 가진 형태소만이 도치를 촉발하기 때문이다.

(14) a. On no more than three occasions in history has there been a land bridge connecting Asia with North America.

b. *On at most three occasions in history has there been a land bridge connecting Asia with North America.

c. On at most three occasions in history, there has been a land bridge connecting Asia with North America.

'*no more than three*'와 '*at most three*'가 논리적으로 동일한 의미를 표현하지만, '*no more than*'은 NEG라는 형식자질을 가지고 있으며, '*at most*'는 이런 형식자질이 존재하지 않아서 생겨난 문법성의 차이라고 Adger & Svenonius는 주장한다.

NEG 도치 같은 현상에 근거하여 우리는 다음의 이차 자질을 가진 기능핵을 설정하기로 한다: 이 기능핵은 NEG 자질을 가진 XP를 유인하여 그 지정어의 위치로 당겨온다. 그리고 또한 시제가 있는 조동사도 유인하는 것이다. 그 결과 의미상으로 전체 TP가 부인되는 해석을 가진다. 물론 이 NEG가 모든 언어에 보편적인 기능핵이라고 생각할 필요는 없을 것이다.

이 특정한 경우, 영어의 NEG라는 이차 자질은 순전히 우연한 것일 수도 있고, 여러 다양한 특성이 결합한 결과로써 영어 고유의 현상일 수도 있다. 만일 그렇다면, 원칙적으로 어떤 언어가 복수의 경우 도치된다든지, 대격의 경우에 도치가 일어난다든지 혹은 다른 통사자질에 대해서 도치가 일어난다는 식의 예측도 가능할 것이다.

현 시점에서 확실한 것은 (i) 통사핵이 NEG를 유인하고, (ii) NEG 자질을 가진 모든 문장이 해석상 일관성을 보이기 때문에, NEG는 통사부에 가시적이라는 점이다.

2.4.3. 보편적 상관관계

통사부와 의미부 사이 어디에 접합면이 놓여있는가 하는 부분에 대해서 많은 견해 차이가 있다. 최소주의처럼 통사부가 엄격조밀한 모델에서는, 병합과 일치라는 매우 기초적인 운용과 선형화에 관여된 약간의 변화만이 있을 뿐이다. 이 경우, 통사부는 의미모듈과 접하고 있는데, 바로 이 의미모듈에서 통사운용의 결과물이 의미표지로 바뀌어 표시되고, 양화현상, 목적성, 작용역등의 여러 의미현상이 존재한다. 바로 이 모듈이 CI 접합면 모듈이다.

그 경우, 이차 자질과 NEG(부정), INTERROGATIVE(의문)같은 특정 접합면 자질의 관계는 우연한 것이며, 원칙적으로 여러 언어마다 다를 것이다.

이런 생각이 올바르다는 것을 알려주는 자료로, 영어와 노르웨이어의 한 방언을 비교해 보자. 영어에서 Wh-의문문은 두 번째 위치에 조동사가 온다. 일종의 V2 현상이다. 그러나 영어 화제화 구문의 경우는 V2 현상이 없다. 그런데, 노르웨이어에서, 화제화 구문은 V2 현상이 강제적으로 발생하지만, Wh-의문문의 경우는 V2 현상이 느슨하여 임의적이다.

(15) a. There he has been.
     b. Where has he been?

(16) a. Der   har han   vært.
        There has he   been
        'There he has been'
     b. Kor   han har vært
        where he   has been
        'Where has he been?' (TromsØ Norwegian)

위 현상은 동사이동 자질(V-이동)과 의문 보문소 C의 연관성이 영어의 경우 '우연한' 것이라는 점을 보여주는데, 이런 것이 흔히 이야기하는 '매개변항'의 대표적 경우이다. 즉, 두 언어가 다 일차 자질과 고정된 이차 자질이 있는데, 그러나 그 연결이 달리 된 것이다.

통사부와 의미부 사이의 긴밀성에 관해서는 많은 연구와 주장이 있어 왔다. 예를 들어, 흔히 T는 EPP 자질을 가지고 있으며, T가 의미적으로 시제에 사상한다는 생각이 인정된다. 또한, v와 V는 의미역을 할당하지만, C와 T는 그렇지 않다는 점, C와 T는 v와 V를 형상계층적으로 관할한다는 점 등이 일반적으로 인정된다. 이와 유사하게, N이라는 범주의 투사체들은 보편적으로 격이 필요하며, V의 투사체들은 격을 할당하고, N과 V는 의미상 차이가 있으며 구별이 가능하다는 점 등이 사실이라면, 이는 통사부와 의미부가 가지는 보편적 상관관계의 또 다른 예가 될 것이다.

Cinque(1994, 1999) 같은 학자들의 카토그라피(cartography)적 연구는 기능범주를 형상구조적으로 설정하며,[15] 이들의 표찰(label)이 그 의미 내용을 반영한다. 이런 기능범주 형상구조에서, 인식 개념은 가능성 개념/모문의 서법을 관할하고, 시제는 상을 관할하고, 완료는 진행을 관할한다. 만일 이런 기능범주순서에서 각각의 범주가 병합, 일치, 철자화와 연관있는 언어마다 다를 수 있는 변항의 이차 자질을 가지고 있다면, 의미부와 연결되어 있으면서 보편적으로 존재하는 유일한 특성은 기능형상구조 뿐이다.

1.6. 결론

우리는 지금까지 자연언어에서 어떻게 자질의 분석을 해야 하는지와 관련된 다양한 현상을 논의하면서, 우리가 최소주의 자질 이론 내에서 무엇을 선택할 수 있는가를 소개하였다. 또한, 자질 이론의 몇 가지 구분

---

[15] 카토그라피란, 매개 변항이론의 문법틀에서 이루어지는 일련의 통사이론 연구 프로그램이다. 이 프로젝트는 통사적 형상구조를 구체적으로 지도화 하는 것인데, 특히 기능(문법)범주의 연구를 주로 하며 기능범주의 내용, 숫자, 순서 등에 대해서 구체적으로 연구한다. 카토그라피는 비교통사론과 유형학에서 많은 영감을 얻어 시작되었으며, 통사구조가 의미화용해석에 필요한 기능적 혹은 문법적 정보를 구조적으로 나타내는데 필요하고 충분하며, 간단하고 일관성이 있다는 신념을 가지고 있다. 최소주의와 마찬가지로 자질에 대해서 매우 큰 관심을 가지지만, 최소주의 통사론이 비해석성 자질에 더 관심을 가지는 반면, 카토그라피는 해석성 자질의 목록에 더 관심을 가진다. 카토그라피 연구는 최근 들어 통사이론, 의미론, 담화분석과 정보구조와의 긴밀한 연관성에 점차 더 많은 기여를 하고 있다.

을 제시하였는데 그 구분은 다음과 같다: (i) 범주와 자질간의 구분: 범주는 출현 위치/분포에 의존하고, 자질은 여러 부류상 출현에 그 존재의 동기가 있다. (ii) 일차 자질과 이차 자질 간의 구분: 이차 자질 중에는 고정 이차 자질과 변이 이차 자질로 나뉜다. (iii) 접합면 자질과 모듈내 자질의 구분: 예컨대, 통사내부 자질이 있다.

인간의 언어가 구조의존적이기 때문에, 이차 자질이 존재한다고 생각된다. 포합원리를 인정하는 최소주의 체제에서는, 모든 어휘 요소는 일차 자질이 있고, 범주가 일차 자질에 속한다. 일차 자질은 통사적 구조의존성을 실현 가능케 하는 특성을 가져야 하고, 변이 이차 자질은 구조 의존성 실현의 수단이다. 최근의 최소주의 이론은 구조의존성 형성을 유도하는 변이 이차 자질로써 값결정의 개념을 선택했는데, 그 이유는 그 자질이 결여된 속성에 결정값이 복사되기 때문이다.

고정 이차 자질은 통사운용으로 Merge(+Move), Agree등의 운용을 위한 의존적 구조의 형성과 관련이 있기 때문에, 언어에 따라 존재하는 다양한 변이는 고정 이차 자질과 연관을 맺고 있는 일차 자질이 존재하는 곳에 존재한다고 생각된다.

이런 구분을 인정한다면, 자질에 관한 여러 가지 이론적 의문점이 생길 수 있다. 과연 모든 자질적 구분은 출현/분포의 위치에 기인한다고 말할 수 있을까? 이차 자질은 몇 개나 있으며, 이차 자질의 특성을 어떻게 정확하게 나타낼 수 있을까? 모든 일차 자질은 이차 자질과 연관 있는가? 예를 들면, 일차 자질은 범주자질에 국한되는 것일까?

두 번째로 언급해야 할 쟁점은 일차 자질/이차 자질과 접합면 자질/통사내부 자질의 개념이 어떤 상호작용을 하는가 하는 문제이다. Brody (1973:143)는, "통사부는 철자화와 관련한 지시가 되었던, 의미-개념 내용이 되었던, 접합면 특성이 없는 요소를 이용하지 않는다"는 급진적 해석가설(Radical Interpretability hypothesis)을 주장하였다. 이 가설을 가장 강력한 버전으로 해석하면, 모든 일차 자질은 시제, 부정, 전제, 양화 등의 의미해석을 가지고 있으며, 모든 이차 자질은 접합면 특성을 가지고 있다. 접합면 특성이란 비해석성의 문제 혹은 명시적 철자화의 인허 등을 의미한다.

Pesetsky & Terrego(2001:364)은 이보다 약간 약화된 개념으로 "모든 문법 자질은 일차 자질이며, 해석이 안 될 수도 있는 몇몇 자질이 있을 수 있지만 의미적 가치가 있다"는 상대적 과격기능주의(Relativized extreme functionalism)를 논의하였다.

이런 구분을 가지고 보면, 혹자는 일차 자질은 자체적으로 일관된 의미가 있는 접합면 자질이고, 이차 자질은 통사부내 자질이라고 주장할 수 있다. 이런 견해는 Pesetsky & Terrego의 상대적 과격기능주의와 유사성이 있다. 또한, 통사부와 해석부사이의 접합면이 아주 최소한이라는 생각을 하게 해준다. 카토그라피적 전통을 받아들여, 관찰된 변항적 자료는, 기능범주순서에 의해 위계적으로 구성된 일차 자질과 몇몇 이차 특성을 연결함으로써, 기능범주가 아주 간단한 형태를 가질 수 있도록 허용하면 처리될 수 있다.

최소주의 연구문헌에서는, 새로운 일차 자질이나 새 이차 자질을 추가로 포함해야 하는지 아닌지에 관한 의문을 제기하지 않고, 위에서 언급한 많은 구분을 그대로 수용하는 것이 보편적이다. 그보다는 무엇이 더 최소주의적 자질이론인지에 집중할 필요가 있어 보이며, 그런 문제를 인지하고 분명하게 꼬집어 내는 것이, 더욱 최소주의 자질이론에 가깝게 접근할 수 있는 길이다.

제1장 요약

　　제1장은 자질이란 무엇인가?에 대한 정의를 제시하고 있는데, 자질이란 기술하고자 하는 어휘 요소/표현에 대한 세부 정보라고 말할 수 있다. 또한, 자질에는 종류가 있는가? 아니면 자질은 한 가지 종류뿐인가?에 대해서는 일반적으로, 소리-의미의 접합면 자질(interface features)과 통사부 내 자질(syntax-internal features)이 있다고 본다. 물론 접합면 자질에는 최소한 2개의 접합면이 있다. SM(감각-운동) 접합면과 CI(개념-의도) 접합면이다. SM 접합면은 소리(음운부)와 접하고 있으며 CI 접합면은 의미부와 접하고 있다.

　　문법틀에 따라서는 범주와 자질을 구별하지 않는 이론도 존재해왔는데, 이를 통합적 접근(unification-based approach)이라고 하고, HPSG라든지 LFG 등이 이에 속한다. 그렇다면 범주와 자질은 서로 다른 것인가? 다르다면 어떻게 다른가? 생성문법과 최소주의 문법틀에서 범주와 자질은 서로 구별된다. 범주는 '형용사는 명사 앞에, 한정사는 명사 앞에 온다'는 식으로 통어적(syntagmatic)으로 정의되고, 자질은 하위범주에 속하면서, 연합적(paradigmatic)으로 정의 된다. Chomsky의 Aspects 모델에서는 범주와 자질이 구별되지 않았지만, 최소주의에서, 특히 Cinque같은 카토그라피적 접근을 하는 학파에서 범주와 자질을 구분/세분하는 연구방향을 다시 소생 발전시켰다.

범주와 자질을 구별하는 최소주의 문법틀에서 이들의 구체적인 예를 들어보자면 N, A, V, P등의 어휘범주와 C, I, D등의 기능범주는 모두 범주에 속하고 이들은 투사성을 가져서 최대투사범주가 된다. 한편, Past, Wh-, Plural, Person/Gender/Number(phi-feature) 등은 자질의 예가 되며, 이들 자질은 투사성이 없고, 절점의 표찰도 되지 못한다. 이를 다시 해석하면 핵성(Headedness)이 없다고도 말할 수 있는데, 이들 요소들은 어떤 범주를 구성하는 마이크로(micro)적 요소들이라고 말할 수 있겠다.

그렇다면, 자질은 자체적으로 조직이 있는 구성체인가 아니면 각각의 어휘가 가지고 있는 원천적인 요소들인가? 자질을 자체적 조직이 없는 구성체, 즉 모두 동등한 입장에서 존재하는 체제를 원천적 자질체제라고 하는데, 자연언어는 통사구조적 의존성이 존재하며, 특정 자질을 언급하는 통사현상이나 규칙이 존재하기 때문에 원천적 자질체제는 수용하기 어렵다는 것이 Adger & Svenonius의 입장이며, 이 책도 최소주의 통사론의 관점에 이 점을 분명히 인정한다. 다시 말하면, 음운론적 변별자질의 방식에서 출발한, 원천적 자질체계에서는 자질의 부류를 언급할 수 없고, 따라서, 이동이나 일치(agreement)같은 특정한 현상에 관여하거나 하지 말아야 하는 자질을 골라낼 수 없다. 한 가지 대안은 Dowty & Johnson(1989)처럼 예를 들면 일치(주어 동사) 현상이 통사적 현상이 아니고 의미적 현상이라고 주장하는 방식인데, Svenonius(2007)는 명백히 통사적 일치라고 밖에 볼 수 없는 현상이 있고, 이런 현상을 설명할 때는 일정한 자질의 부류를 언급해야 한다고 주장한다. 따라서, 자질체계는 원천적일 수 없다.

그렇다면, 자질의 부류를 예로 들어보자. 자질에는 NOM, ACC,

GEN, DAT 등의 CASE 자질, PERSON, Gender, Number 등의 phi-자질, EPP 자질, Past , Present 등의 V-자질, Plural 등의 N-자질 등이 된다. 예를 들어 한 어휘항목 'me'의 자질을 명시해 보자면, [D, ACC, SPEAKER] 이다. 또한, 자질에는 통사적 분포와 의존성을 포착해주는 이차 자질(second-order feature)이 있는데, 이차 자질의 정의는 모든 일차 자질 중에서 통사적 특성/의존성을 보이는 특성이 이차 자질이다. 예를 들면, [C, EPP]는 일차 자질인 C가 이차 자질인 EPP와 결합한 것이다.

풍부한 자질 체계에서 다루는 중요한 측면에는 다음의 세 가지가 있다(Adger 2003). 첫째는 해석성(interpretable-uninterpretable)의 문제로 통사적 의존구조 혹은 구성소를 형성/구축 하는데 관여하고, 둘째는, 값결정(valued-unvalued)의 문제가 있어, 특정한 형태적 범주를 일치(agreement)와 연결시키는데 사용된다. 셋째는 자질의 강도(strong-weak)문제로 이동의 촉발에 관여하는 자질인데, 이동은 국부성에 관한 역할을 한다. 즉 자질은 통사운용인 이동이나 일치에 결정적 역할을 할 수 있으며, 그런 역할을 할 수 있도록 계층성을 가지고 조직화되어 있다.

결국 Adger & Svenonius(2010)의 자질체계는 문장 구성의 필수적 부분인 어휘부속의 어휘항목을 Micro적으로 들여다보면서, 통사적 운용에 관여하는 자질이 존재하고 이들 자질은 조직화되어 있음을 주장한 이론으로 현 최소주의 통사이론에서 널리 수용되는 이론이라고 말할 수 있다. 다만 구체적으로 어떤 구문이나 경험적 자료로부터 이차 자질을 을 논증할 수 있는가 하는 문제는 더욱 연구되어야 한다.16)

---

16) 홍성심(2011)은 영어 NEG자질에 관한 추가적인 자료를 제시하였다.

제2장

병합과 필수구구조

2.1. 서론

이 장에서는 병합이론이 생겨난 역사적 배경을 이해하고 첫째, 핵심적 구조특성들이 필수구구조(Bare Phrase Structure)이론과 병합(Merge)으로 설명될 수 있는지의 문제와 둘째, 병합운용의 적용이 촉발적 (triggered)인지 아니면 자발적(spontaneous)인지의 문제를 실증적 자료를 통해 살펴보고자 한다.

Aristotle 이래로 언어란 소리(또는 기호)와 의미를 묶는 체계로 간주되어 왔다. 언어과학에서 가장 중요한 발견 중의 하나는 이러한 연관은 직접적이지 않고 '구조(structure)'에 의해 중재되어야 한다는 것이다.

소리와 의미를 결합하는 기능인 통사부의 구조제약규칙으로 Chomsky (1965)의 초기 변형생성문법에서는 구구조 규칙인 PS-규칙(Phrase Structure Rule)이 제안되었다. 이후 1980년대의 GB이론(지배와 결속이론(Government & Binding theory)에서 초기의 구구조 규칙은 제범주의 일반화(cross-categorial generalization)와 구조의 내심성(endocentricity)을 좀 더 잘 포착할 수 있는 X'-이론(X-bar theory)으로 대치되었다. 구구조 제약인 X'-이론은 최소주의에서 병합(Merge)이론으로 바뀌었다. 따라서 Chomsky식 생성문법에서 구구조에 대한 제약의 변화는 아래 (1)과 같이 요약될 수 있다.

(1) 구구조규칙 → X'-이론 → 병합에 의한 필수구구조
    (PS-rules → X'-theory → Bare Phrase Structure (Merge))

X'-이론이 이미 다 만들어진 구조에 어휘가 삽입되는 표시적 제약 (representational constraint)이라면 병합은 구조를 하상접근적으로 만들어가는 도출적 제약(derivational constraint)이라고 할 수 있다. 필수구구조(Bare Phrase Structure)는 문법범주가 어휘정보에 내포되어 있다고 가정한다면 이러한 정보를 중복적으로 표시할 필요가 없으므로 분리된 범주의 자질표시를 제거하여 구조의 최소주의를 추구하는 구조이다. 필수구구조 이론에서 구조란 어휘부 요소들을 결합하여 집합(set)을 만드는 자율적(autonomous)인 병합운용의 기능이므로 구구조는 X'-구조와 같은 표시적 구구조 이론에 의해 제약되지 않는다. X'-이론의 완전한 제거는 Chomsky(1995a)의 '필수구구조이론(bare phrase structure theory)'에 의해 이루어지는데 구구조 특질의 대부분은 필수이론으로 융

합되고 근본적인 운용은 병합(Merge)으로 설명된다. 따라서 필수구구조 이론에서 구조란 집합을 만드는 병합운용의 기능이므로, 구조란 형상의 개념이 아닌 집합의 개념이 된다.

　　이제 앞서 언급한 첫 번째의 문제인 필수구구조와 병합의 관점에서 인간언어의 구조와 구조생성체계의 본질적 특성의 설명이 가능한지를 알아보자. 현대언어학은 인간언어구조와 이를 생성하는 체계의 본질적 특성을 다음과 같이 4가지로 요약한다.

　　(2)　a. 계층적 구조(hierarchical structure)
　　　　 b. 비한정성/이산적 무한성(unboundedness/discrete infinity)
　　　　 c. 내심성/핵중심성(endocentricity/headedness)
　　　　 d. 의미부의 이중성(the duality of semantics)

인간언어의 본질을 설명하려는 언어학이론에서는 어떤 식으로든 파악되어야하는 특성이 있다는 것에는 대체로 이의가 없으나 문제는 '이러한 특성을 설명하기 위해 얼마나 많은 기제들이 요구되며, 이러한 특성의 본질은 무엇인가를 파악하는 것이 과연 가능할까' 하는 것이다. 따라서 2.2절에서는 이러한 특성들이 다양한 문법부문에 의해 어떻게 규명되는지를 알아보기 위해 현대언어학(특히 생성 언어학)의 역사를 간단히 살펴보고, 2.3절에서는 필수구구조에서 인간언어의 필수적 운용이라고 가정되어온 병합운용의 특성과 문제점을 살펴본다. 덧붙여 이 절에서 병합의 몇몇 다른 해석들과 관련된 운용을 알아보고 특히 일본어를 포함하는 비교 통사론의 함축적 의미를 논의한다. 결론인 2.4절에서는 병합을 이해하는 현재의 언어학 이론을 요약하고 미래의 연구방향을 생각해

본다. 전체적인 논의는 구구조이론(phrase structure theory), 특히 필수 구구조이론과 직접적으로 관련되는 문제에만 국한되므로 최소주의에서 병합과 근접한 다양한 문제들을 모두 살펴볼 수는 없다. 최소주의의 종합적인 논의를 위해 Hornstein et al.(2005)[17]을 추천하며 이곳의 많은 논의도 이 책에 기초한다.

2.2. 병합이론의 역사적 배경

먼저 4가지 구조특성 중 (2a)의 계층적 구조를 살펴보자. 언어적 표현이 단순한 단어와 형성소(formatives)의 연결이 아닌 계층적 구조를 갖고 있다는 것은 현대언어학의 근본적인 발견 중의 하나이다. 이러한 발견은 생성구조언어학 이전으로 거슬러 올라가는데 특히 직접구성소(Immediate Constituent(IC)) 분석(Wells 1947)에서 시작한다. IC 분석은 미국의 구조언어학에서 발달한 '과정적(procedural)' 접근법으로 간주되어 이 과정적 접근법을 배제시킨 생성문법이론으로 넘어오진 못했지만 역사음운론에서 시작된 '순서적인 다시쓰기규칙(ordered rewriting rules)'의 개념과 함께 구구조 문법이론에 포함되었다. 구구조 문법이론은 Post의 합성적 체계(combinatorial system)에 기초하여 발달한다. Post(1943)는 '어휘(vocabulary)'의 개념과 관련하여 어휘를 종단적인 (terminal) 것과 비종단적인(non-terminal) 것으로 구별했고 다음과 같은 구구조규칙인 규칙의 집합으로 간주하는 중요한 수정을 제안했다.

---

[17] Hornstein, N. J. Nunes, and K. K. Grohmann (2005), *Understanding minimalism*. Cambridge: Cambridge University Press.

(3) XAY → XZY

(여기서 A는 단일 기호이고 X, Y, Z는 일련의 기호들이며 여기
서 Z는 필수적이고 X, Y는 수의적일 수도 있다)

구구조 규칙은 어휘부에서 가져온 일련의 종단기호들을 가지고 생
성하는 구표지(P(hrase)-marker)의 형태로 언어의 기본적 구조사실을
표현한다. 구구조규칙에 의해 생성되는 구표지는 언어표현에 관한 3가
지 유형의 정보를 표현한다.

(4) a. 구조의 '구성소(constituents)'를 계층적으로 묶기:
      (관할(Dominance))
    b. 각 구성소의 '유형': (표찰붙이기(Labeling))
    c. 구성소의 좌우 순서(어순): (선행관계(Precedence))

따라서 특정한 언어표현의 계층구조(즉, 표찰 붙인 계층구조)는 요소들
이 어떻게 배열되는가(선행순서)에 따라서 구표지 집합(a set of P-
markers)을 생성하는 구구조문법(Phrase Structure Grammar(PSG))에
의해 명확하게 표현된다.

(3)에서 A가 Z로 바뀌는 문맥이 제한적일 때 X와 Y는 필수적이다.
이 문맥은 어휘항목이 구표지의 특정한 종단위치에 삽입될 때 나타난
다. '어휘삽입'의 이러한 형태는 하위범주화 자질(subcategorization
feature)을 갖는 어휘부에 의해 대치된다(Chomsky 1965). 연산체계
(computational system)로부터 어휘부의 독립은, 즉 구구조문법은 (3)과
같은 문맥제한규칙을 (5)의 문맥자유규칙으로 표현할 수 있으므로 구구

조규칙의 형태를 간결화 한다.

(5) A → Z

(5)에서 A는 비종단 요소이고 Z는 필수적인 비종단 기호이거나 어휘항목이 하위범주화 자질과 일치하여 삽입되는 지정된 기호 '△'이다 (Chomsky 1965 참고). 따라서 문맥자유 구구조문법은 어휘부와 함께 인간언어의 구구조 특질, 특히 좌우 선행순서를 갖는 표찰 붙은 계층적 구조를 표현하는 역할을 담당한다. 이렇게 하여 특성 (2a)가 설명된다.

특성 (2b)와 (2c)는 놔두고 특성 (2d)를 먼저 살펴보자. 의미부의 이중성이라고 불리는 이 특성은 구구조 문법이외의 장치를 요구한다. 수년간 다양한 관점에서 연구되어온 의미부의 이중성은 일반화 서술어 논항구조(generalized predicate-argument structure)는 (절의 핵심부분 안에 있는) 서술어 근처에서 실현되는 반면 담화(discourse)와 관련되거나 영향권적(scopal) 특질을 포함하는 다른 의미적 특질들은 언어표현(일반적으로 문장)의 '가장자리(edge)' 또는 '주변적(peripheral)' 위치를 포함한다. 한마디로, 의미부의 이중성이란 보충어 관련 의미역관계(논항정보)와 지정어 관련 신/구정보 또는 특정성 관련 담화정보의 이중성을 말한다. 이러한 이중성은, 특히 후자의 경우는 문장의 구조적 기술에서 두 비자매적 위치를 연관 짓는 장치를 요구하는데 이 장치는 구구조 도출단계에서 앞서 나타난 단계로 돌아가야 하는 장치이다. 그러나 구성소 구조(즉, 구구조의 지나간 도출)에 대한 지시는 문맥자유 구구조문법으로는 명확하게 표현이 불가하므로, 이러한 의미부의 이중성을 다룰 수 있는 새로운 문법장치가 필요했는데 이를 위해 초기에는 '문법적 변형(grammatical transformation)'의 개념으로[18], 그리고 현재는 병합, 즉 외부병합과 내부병합의 비교로 설명된다(구구조규칙 + 변형 → 외부병합 + 내부병합).

인간언어는 언어능력의 가장 근본적인 특성이라고 간주되는 (2b)의 이산적 무한의 특성을 분명히 갖고 있다. 언어는 연속적이거나 밀집된 것이 아니라 분리되어 있는데, 대략적으로 말하면 언어표현은 구별되는 독립된 단위에 기초하여 구성된다. 즉 자연수의 경우처럼 n.5(또는 n.3, 등)개의 단어 문장이 있는 것이 아니라 n개의 단어 문장 또는 n+1(또는 n-1)개의 단어 문장이 존재한다. n이란 가장 긴 문장에 포함된 단어의 수이므로 언어는 무한정하다. 인간언어가 나타내는 이산적 무한성은 대부분 특정한 변형형태인 '일반화변형(generalized transformations)'으로 다룬다. 이러한 변형은 한 구조(일반적으로 한 문장)를 동일한 형태의 다른 구조에 삽입하는 기능을 갖고 있다. 그러나 60년대의 표준이론(Chomsky 1965)에서는 일반화변형이 제거되었기 때문에 자체삽입(self-embedding)의 기능은 구구조규칙의 좌우에 비국소적 회귀성을 허용하기 위해 '회귀적 기호(recursive symbols)'를 갖는 구구조문법으로 이전되었다.

1960년대 말에는 인간언어의 구구조에 관한 중요한 일반화인 내심성/핵중심성이 분명해 졌는데 이는 구구조규칙 또는 변형의 관점으로는 설명될 수 없었다. 인간언어의 구구조는 다른 비핵심적인 요소와 함께 구의 근본적인 특성을 결정하는 구의 '핵(head)'이라고 불리는 어떤 중

---

18) 문법적 변형의 필요성에 관한 이유가 의미부의 이중성에만 국한된 것은 아니다. 또한 변형의 개념은 생성구조 언어학 이전의 Zellig Harris(1957)에서도 찾아볼 수 있다.

심적인 요소에 기초하여 좀 더 큰 구를 형성한다는 점에서 '내심적'이라
고 말한다[19]. Lyons(1968)가 지적했듯이, 구구조 문법이론은 이러한 점
을 설명할 수 없었다. 구구조규칙은 인간언어에서 절대로 허용할 수 없
는 즉, 핵이 없는 (외심적인) 구조도 과잉생성하는 문제점을 안고 있었
다. 따라서 이러한 인간언어의 근본적인 특성인 구구조의 내심성/핵중심
성을 정확하게 설명할 수 있는 어떤 다른 기제가 필요하게 되었는데
X'(X-bar)-이론이 바로 그것이다.

   X'-이론의 기본적인 주장은 Chomsky(1970)에서 소개된 것처럼 다
음과 같이 요약할 수 있다.

   (6)   a. 모든 구는 핵을 갖는 내심적 구조이며 핵 X는 좀 더 큰 구로
            '투사(projecting)'한다.
         b. 핵들은 단핵 요소들이 아니라 근원적인 자질들로 구성되는 자
            질복합체(feature complexes)이다.
         c. 보편문법(Universal Grammar(UG))은 핵의 투사형태를 결정
            하는 다음과 같은 일반적인 X'-도식을 갖는다.
            $X' \rightarrow X$ .....
            $X'' \rightarrow$ [Spec, X'] X'

Chomsky(1970)에서 제시된 X'-이론은 기본적인 형태였으므로 이후 이
를 수정하는 많은 제안이 나왔지만 X'-이론의 가장 핵심적이고 근본적
인 제안은 바로 (6)과 같은 것이었다. (6c)는 최근 수년간 많은 비평적

---

19) 이러한 관찰은 생성론자 이전의 시기로 거슬러 올라가며(Harris 1951 참고),
    내심적-외심적(endocentric-exocentric)의 구별은 더욱 오래전의 발견이다(예
    를 들면, Bollomfield 1933 참고).

연구가 있었지만 (6a)와 (6b)는 (투사의 개념을 제외하려는 것 외에는) 문법이론의 지속적 발전에도 그 원형을 유지하고 있다. 따라서 특질 (6c), 즉 인간언어의 구 내심성은 X'-이론에 의해 명백히 설명된다.

초기 전통적인 규칙기초(rule-based)체계와는 아주 다른 설명적 이론(explanatory theory)의 출현인 원리와 매개변항 접근법(Principles and Parameters approach(P&P))이 1980년대 나타났을 때 '문법의 원리'는 UG의 (격이론, X'-이론과 같은) 다양한 조합적 원리(modules)에 의해 대체되었다. 따라서 실질적인 핵심적 체계로서의 구구조 규칙은 사라졌는데 이는 구구조 규칙이 어휘부의 정보와 상당히 잉여적이라는 점에서 자연스러운 변화라 할 수 있다. 한편 변형규칙의 정확한 형태는 연구대상이지만 잉여적이지는 않으므로 제거될 수 없었다. 개별언어의 특정한 구문에 제한적인 복잡한 약정적인(stipulated) 변형규칙은 흔적이론(trace theory) 그리고 다른 UG 원리들과 함께 좀 더 일반적인 변형기제인 α-이동(Move-α ('Move anything anywhere'))으로 축소되었다.

따라서 P&P 모델에서는 일종의 X'-이론과 α-이동만이 남는다. X'-이론은 (2a) (계층구조), (2c) (내심성/핵중심성), (2d) (이산적 무한성)을 설명하며 α-이동은 (2d) (의미부의 이중성)의 특성과 관련이 있다. 80년대 중반에서 후반까지 변형운용에서 채택된 부가(adjunction)(또는 목표의 구조특질에 따라 대치(substitution))와 아주 유사한 형식으로 '하상접근(from the bottom up)'의 구구조 형성을 제안하는 구구조 이론(X'-이론)과 이동원리(α-이동)의 제안이 이루어졌다. 본 논의와 관련되는 이러한 시도의 기본적인 주장은 다음과 같이 요약될 수 있다.

(7) a. 핵은 핵의 자질(선택자질, 일치자질, 등)을 '방출(discharge)'하
며 투사한다.

b. 특히 중간범주(일계층)의 단계에서 반복(iteration)이 가능하다.

c. 동일한 투사로 반복되는 운용(부가)은 구조형성과 이동 둘 다
에 관여한다.

d. X'-도식은 없다. (즉, 최대투사(maximal projection)의 개념은
X'-층위에 의해 결정되는 것이 아니라 문맥적으로 결정된다.)

e. 일치(agreement)가 투사를 마감한다.

(7a)와 같은 주장은 구는 핵을 중심으로 형성되며, 핵은 내재된 자질
(inherent features)의 관점에서 투사된다는 직관에 기초한다. (7b)는 구
구조의 무한성을 설명하기 위한 것이다. 변형의 간결화는 소수의 근본
적인 운용을 추구하도록 하며 (7c)는 이러한 중요한 문제에 대한 답변이
다. (7a)의 관점에서 보면 전통적인 X'-이론의 x'-도식은 제거될 수 있는
것 같다. 이는 실제로 바람직한 결과인데 절감의 법칙(Occam's razor)
때문이 아니라 가정된 X'-도식이 상당히 제한적이며 다소 약정적이기
때문이다. 마지막 주장인 (7e)는 (일본어와 같은) 어떤 유형의 언어에서
는 구가 무한하다는 관찰에 근거한 것인데 이는 어떤 구는 결합이 적절
한 해석에 의해 허락되기만 하면 어떤 다른 요소와 결합하여 그 구를 확
장하는 것이 항상 가능하기 때문이다. 이는 물론 영어에는 해당되지 않
는다. 그리고 구의 '마감(closure)' 특질은 일치와 연관된다는 것이 가정
이다. 따라서 전형적인 일치($\emptyset$)자질이 없는 일본어와 같은 언어에서는
구는 절대로 마감이 되지 못하는 반면 영어와 같은 언어에서는 일치는
구의 투사를 마감하는데 이러한 차이가 여러 다른 다양성을 만든다. '일
치매개변항(agreement parameter)'과 관련한 다른 접근법은 Fukui

(1986, 1995), Kuroda(1988)를 참고하라.

여기서 구구조와 비교통사론에 대한 Kuroda의 접근법과 Fukui의 접근법의 근본적인 차이점을 간단히 언급하면, Kuroda의 이론은 본질적으로 '기하학적(geometric)'이다. 현대기하학에 기초한 이 개념의 기본적 생각은 주어진 어떤 공간에서 각 기하학은 변형그룹으로 규명될 수 있는데 기하학이란 실제로 (공간이라기보다는) 이러한 변형그룹의 불변요소에 관여한다는 것이다. 간단히 말해, Kuroda는 인간언어의 기하학을 설정하려고 시도했다. 그렇다면 이 경우 Kuroda의 공간이란 X'-도식에 의해 일반적으로 주어지는 것이다. (어순을 제외하면) 영어와 일본어는 이 점에서 정확이 동일한 것이다. 변형그룹, 특히 '일치'의 추상적 관계도 또한 보편적이다. 영어와 일본어는 이러한 운용의 실행과 관련하여 최소한의 차이를 갖는데 즉, 영어의 일치는 의무적이고 일본어의 일치는 비의무적이다. 이러한 '매개변항적' 차이의 본질은 분명하지 않지만 Kuroda의 접근은 (i) 기하학적이고(이는 익숙한 언어학적 용어로 '표시적(representational)'인 경향이 있다), (ii) 보편적이다(공간과 변형그룹, 특히 일치는 보편적이라 간주된다). 한편 Fukui의 접근법은 좀 더 일반적인 '경제성/최후수단(economy/last resort)'에 기초한다. 이는 X'-도식은 생략하고 구조란 아래에서 위로 형성되며 핵에서 시작하여 통사체가 (예를 들면, 격 점검(feature-checking)에 의해) 인허되기만 하면 지속된다. 이 경우 잉여적인 구조적 위치도 없고 잉여적인 운용도 없다. 일본어는 어휘부에서 관련된 일치자질을 유도하는 핵이 없기 때문에 일치의 운용은 보편적이지만 일본어에서는 일어나지 않는다. 따라서 Fukui와 Kuroda의 접근법은 많은 유사성을 갖지만 이들의 철학적 배경도 아주 다르고 많은 실증적 차이를 보여준다. Fukui의 접근법은 후에 필수구구조이론으로 이어지는 발전을 보인다.

이제 본론으로 되돌아가면, X'-이론의 완전하고도 명백한 제거는 Chomsky(1995a)의 '필수구구조'이론에 의해 이루어진다. 필수이론 (bare theory)은 최소주의 프로그램(minimalist program)에 속하는데 최소이론은 모든 UG 원리와 실체는 감각-동작(sensorimotor)체계와 개념-의도(conceptual-intentional)체계인 두 접합면(interfaces)의 특성에 의해서 또는 접합면에서 요구하는 조건을 언어가 만족시키는 방식을 관할하는 언어에만 국한된 것이 아닌 '제 3의 요소(third factor)'에 의해 동기 부여되고 정당화되어야 한다고 주장한다. 앞서 언급된 기본적인 주장의 대부분은 필수이론으로 융합되고 근본적인 운용은 병합(Merge)으로 나타난다. 그리고 병합과 관련한 이론적 그리고 실증적인 문제점들은 다음 절에서 논의한다.

2.3. 병합과 관련된 문제들

2.3.1. 병합

Chomsky(1995a)는 표준 X'-이론은 많은 잉여적 정보를 규정하며 필요한 유일한 정보는 '핵(head)'과 '비핵(non-head)'이 결합하여 새로운 요소를 만드는 것이라고 주장한다. 그는 α와 β, 두 개의 요소를 결합하고 이들 중 하나를 핵으로 투사하는 '병합(Merge)'이라고 불리는 통일된 운용에 의해 하상접근(bottom-up) 방법으로 구구조가 형성된다고 제안한다. 병합은 두 개의 요소를 결합하는데(사슬처럼 연결하는 것 (concatenate)은 아님), 이때 두 요소의 선행순서는 설정되지 않으며 병합의 결과는 (8)과 같이 표현된다. 병합은 무한한 구조를 형성하기 위해 반복적으로 적용되며 아래 (8)의 병합작용은 병합에 의해 형성되는 복합체의 핵으로 α 또는 β를 투사하는 '비대칭적(asymmetric)' 운용이다.

(8) a. K = {ɣ {α, β}}, where ɣ ∈ {α, β}

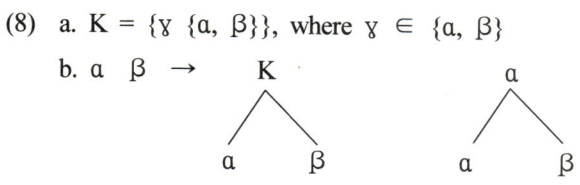

(표찰 이전: 대칭적) (표찰 이후: 비대칭적)

(8)은 병합은 두 개의 대상인 α와 β를 결합하여 이들 중 하나인 ɣ를 투사요소(즉 '핵'/K의 표찰(lable))로 정하는 새로운 통사체인 K를 형성한다. 즉 병합이란 두 통사체 α와 β를 취해 α와 β 중 하나가 투사되는 비순서적 집합을 만드는 것이다. 만약 α가 핵이라면 α와 β가 이분지로 묶이는 구조의 투사는 α가 된다(즉, 병합(α, β) → {α {α, β}}). 순서 없는 두 자매요소의 결합인 표찰 이전의 병합은 대칭적(symmetric)이나 결합된 두 요소 중의 하나가 핵 H가 되고 다른 하나는 보충어 XP가 되므로 표찰이 붙은 병합은 비대칭적이다. α와 β를 묶는 대칭적 집합 K는 α와 β를 묶어 α로 투사하므로 순서가 결정되어 비대칭적이 된다. 결국 병합은 비대칭적 운용을 전제로 시작된다고 할 수 있다.

필수이론에 의해서, 특히 병합이라는 간단한 운용에 의해 포착되는 (2)에서 열거한 인간언어의 기본적 특성은 어떠한가? 특성 (2a)인 계층구조는 반복적 병합이 핵과 인접한 보충어와 핵과 인접하지 않는 비보충어인 구의 차이를 표현하기 위해 비연합적(non-associative)(즉,

[A#B]#C ≠ A#[B#C], 여기서 #은 병합)이라고 가정하면 바로 설명이
가능하다.

　　이제 이렇게 간단한 병합이라는 운용이 어떻게 (2)에서 열거한 다
른 특성들을 설명할 수 있는지 다음 절에서 살펴보겠다.

2.3.2. 표찰 붙이기

(8)과 같은 병합을 형성할 때 핵중심성 표찰 붙이기(labeling)는 운용의
일부이고 그 결과 병합은 비대칭적이다. 그러나 최소주의적 가정에서
표찰 붙이기의 지위는 명확해 보이지 않는다. 표찰이 감각·동작 그리고
개념·의도의 두 접합면에서 진정 요구되는지도 분명하지 않으며 그렇다
고 그러한 표찰 붙이기가 제 3의 요소에 의해 도출되는 것처럼 보이지
도 않는다. 그러므로 병합의 기본적인 운용을 이해하려면 병합 자체로
부터 표찰 붙이기를 분리하고 표찰이 일반 원리에 의해 예견될 수 있는
지를 살펴보는 것이 바람직하다. 이런 가정에서는, 병합은 대칭적 집합
(symmetric set-formation)운용으로 형성된다(병합 (α, β) = {α, β}). 즉
표찰이 붙은 병합은 비대칭적이나, 이와 달리 표찰이 붙기 이전의 병합
은 대칭적이다.

　　그렇다면 표찰은 어떻게 결정되는가? Chomsky(1995a)이래로 표찰
을 (특이성이나 특정한 규칙, 또는 도출의 합치를 위한 미리보기(look-
ahead)를 언급하지 않고) 최적의 상태로 결정하려는 다양한 시도가 있
어왔다. 그러한 시도 중의 하나가 표찰 붙이기의 제거이다. Collins
(2002a)는 통사론의 다양한 영역(X'-이론, 선택, 최소연쇄조건, 등)을 연
구하고 '포화/방출(saturation/discharge)'의 기제와 위의 (6a)와 유사한

'중심위치(locus)'의 도출개념을 가정하여 표찰의 개념이 통사론에서 완전히 제거될 것을 제안했다. 일련의 연구에서 Chomsky(1995a, b, 2000a, 2001, 2007, 2008a)는 표찰을 예견하는 다양한 가능성을 연구했는데 표찰이라는 개념은 이론적 근거가 없는 환상이며 따라서 최소탐색조건과 같은 제 3의 요인의 관점에서 (Collins의 중심위치의 개념을 따라) 완전히 제거될 수 있다고 주장한다. 그렇다면 H-XP(H = 어휘항목(lexical item), 어순 없음) 형태의 구조에서 최소탐색조건이 기본적으로 H는 추가의 연산작용이 필요한 요소임을 결정하는데 이는 다른 요소인 XP는 핵이 너무 깊이 있기 때문에 핵 관련 정보를 갖지 못하기 때문이다. 핵중심성은 이런 접근법의 단순한 부수현상이다.

다른 연구도 표찰 붙이기/핵중심성은 인간언어의 근본적인 특질이며 이러한 특질은 문법이론(Boecks 2008a, Hornstein 2009, 등)에 의해 명확히 설명된다고 제안한다. 예를 들면, Fukui(2005)는 병합이란 Chomsky가 형식화한대로 단순한 집합형성 운용이라는 주장에 덧붙여 언어구조의 특징인 '국소적 자체삽입화(local self-embedding)'를 표현하기 위해 '삽입하기(Embed)'라고 불리는 운용이 필요하다고 주장했다. 병합의 적용(즉, 병합((α1, ... αn) = {α1, ... αn}))에 의한 BS = {α1, ... αn})이 만들어 내는 기본집합(Base Set(BS))이라고 불리는 작업공간에서 삽입하기는 BS의 한 구성원을 선택하여 α1과 BS의 합집합을 형성한다.

(9) 삽입하기 (α1, BS) = α1 $\cup$ BS = {α1, {α1, ... αn}}

삽입하기의 목표인 α는 결과구조의 '핵'이다. 앞서 논의한대로 숫자 n은 인간언어에서는 일반적으로 2이고 작업공간은 {α, β}이며 α에 삽입하기를 적용한다는 것은 α가 표찰/핵일 때 K = {α, {α, β}}를 의미한다. 문법의 구조형성부분에 삽입하기의 운용을 덧붙이는 것, 즉 병합/삽입하기 체계(Merge/Embed system)는 자연스럽게 (2a)의 계층적 구조와 (2c)의 내심성/핵중심성을 설명한다.

Fukui(2005, 2008)는 병합만 가지고 설명하는 체계보다는 병합/삽입하기 체계에서 좀 더 정교한 분석이 가능하다고 주장한다. 실제로 병합/삽입하기 체계는 구구조 특성을 연구하는데 살펴보아야 할 관련된 3가지 요소들을 추려내는데, (i) 병합, (ii) 삽입하기 그리고 (iii) 반복성 (iterativity)이 이에 속한다. 이 셋을 결합하여 다음과 같은 가능성을 가질 수 있다.

(10) a. 삽입하기가 없는 비반복적 병합(non-iterative Merge without Embed)
b. 삽입하기가 없는 반복적 병합(iterative Merge without Embed)
c. 비반복적 삽입하기(non-iterative Embed)
d. 반복적 삽입하기(iterative Embed)

(10d)는 전통적인 X'-이론이 나타내듯이 언어의 핵심특질에서 발견되는 비한정적 내심구조(unbounded endocentric structure)를 표현한다. 나머지 3가지 가능성은 거의 연구되지 않았지만 검증될 수 있는 영역도 있을 수 있다. 일본어 브로카 실어증(Broca's aphasics)에 관한 자료는 다음과 같은 특질을 보여 준다(Fukui 2004 참고).

(11) a. 어순은 일반적으로 보전된다.

b. (-*ga* '주격', -*o* '목적격' -*ka* 'Q'와 같은) 격과 문미 조사들은 일반적으로 탈락된다.

c. (-*kara* 'from', -*made* 'until'과 같은) 후치사(postposition)는 일반적으로 보전된다.

d. 명사구 구성소의 최대 수는 2이다. 즉 오직 하나의 -*no* '속격'만이 하나의 명사구에서 허용된다. 예를 들면, *ore-no kyoodai* 'my brother', *Sapporo-no sigai* 'the town of Sapporo'은 가능하지만 **Taro-no imooto-no yoofuku* 'Taro's sister's clothes', **a-no uri-no mon-no mae* 'in front of the gate of that house'는 불가능하다.

특질 (11a)는 언어의 핵심부문에서 '핵-매개변항(head-parameter)'(어순)의 중요성을 나타낼 수도 있지만 잠시 논의를 뒤로 미루고 (11b~d)의 특질을 살펴보면 이 특질들은 일본어 브로카 실어증의 보존은 오직 자매요소들에만 관련된다는 결론을 내릴 수 있다. 일본어의 정확한 격표시 체계가 아직 명확하게 알려지진 않았지만 -*ga*와 -*o*와 같은 첨사(particle)는 인허를 위해 '비자매적 정보'(non-sister information)를 요구한다. 즉 이러한 요소들과 비자매적인 구표지의 위치를 살펴볼 필요가 있다. (따라서 비자매적인 정보에 기초한 첨사는 탈락한다.) 한편 후치사는 인허를 위해 '자매적 정보(sister information)'를 요구하는데 이는 후치사가 자매어에 의미역 표시(theta-mark)를 하기 때문이다. (11d)는 X와 Y가 명사구 안에서 연결되고 -*no*는 X에 붙지만(즉, [X-*no* Y]) 두 번이상의 병합/삽입하기의 적용(즉, *[Z-*no* [X-*no* Y]])은 불가능하다는 것을 보여준다. 이러한 모든 특질들은 반복성은 일본어 실어증에서 삭제된다고 가정하면 자연스럽게 설명이 가능하다. 덧붙이면 전통적인 '기억력(working memory)'의 설명으로는 왜 3, 4, 등이 아닌 2의 숫자가 경계선이 되어야 하는 이유를 설명할 수 없다.

이동원리를 포함한 다양한 문법의 모듈에서 중요한 역할을 하는 보충어(complement)와 비보충어(non-complement)의 구별은 일종의 제 3의 요소에 기인된다. 병합은 통사체의 회귀적 정의(recursive definition)에 필요한데 첫 번째 병합(first-Merge)은 핵-보충어 형상을 만들어 직접적으로 회귀적 정의를 위한 기초를 제공한다. 반면 비보충어(즉 지정어(specifier))를 만드는 이후 연속적인 병합의 적용도 회귀적 정의의 회귀성부분에 해당한다. 따라서 회귀적 정의에서 보충어와 비보충어의 비교는 독립적으로 동기부여받는 기저와 회귀성구별에 기초한다. 회귀적 정의의 개념은 언어(UG)에만 국한된 것은 아니므로 보충어와 비보충어의 구별은 회귀적 본질로 축소되고 이는 제 3의 요소인 생물학적 특질에 근거하여 정당화된다[20]. 이러한 추론은 논의하고 있는 어떤 병합의 해석과도 부합하지만 첫 번째 병합과 뒤 이은 병합의 구별은 반복성을 분리된 특질로 간주하는 접근법에서 강조된다.

이러한 간단한 논의가 지적하듯이, 세 가지 요소들을 독립적으로 간주함으로써 진화, 습득(발달) 그리고 앞서 살펴본 부분적인 언어능력의 상실에서의 각 역할의 문제를 논의하는 것이 가능하다. 따라서 반복성을 독립된 특질로 간주하는 병합/삽입하기 체계는 비록 삽입하기라는 UG를 복잡하게 하는 새로운 운용의 추가가 일반적 최소주의에는 반대

---

[20] Chomsky(2007: "Approaching UG from below")에서 언어설계의 3요소는 보편문법(UG), 외부자료(external data)에 덧붙여 언어에만 국한된 원리가 아닌 생물학적 특질을 제 3의 요소로 들었다.

되긴 하지만 어떤 기술적 보장을 할 수 있는 것처럼 보인다. 이런 접근법의 가능성이 (삽입하기와 같은) 추가적 운용의 '자연성'뿐만 아니라 통사론과 접합면에서 표찰/핵중심성의 실증적 중요성에도 부분적으로 의존하는 것 같다. 문헌에서 이 문제는 여전히 논의되고 있다.

Narita(2009b, 2010)에 의한 최근의 제안은 표찰과 투사나 자질침투(feature percolation)와 같은 관련된 개념에 대해 다소 급진적인 견해를 제시한다. 그는 여기서 논의된 첫 번째 유형의 접근법, 즉 표찰/핵중심성의 역할이 거의 0에 가깝도록 축소되는 접근법과 일치한다. 그는 α와 β가 병합하여 새로운 K를 형성할 때 α와 β의 어떤 특질도 K로 이전되지 않는다. 즉 자질침투는 차치하고 투사도 없다. 그런 후 Narita는 Chomsky(2008a)의 다음과 같은 주장을 가정한다.

통사체 SO와 병합하여 어휘항목 LI가 연산으로 들어가려면, 어휘항목 LI는 이것이 병합될 수 있도록 허용하는 자질을 갖고 있어야만 한다. 이러한 자질을 어휘항목 LI의 가장자리자질(edge feature(EF))이라고 부르자. 한 어휘항목이 가장자리자질 EF가 결여되면, 그 자체로 완전한 표현, 감탄사(interjection)가 될 수 있다. 통사체 SO와 병합되면, 어휘항목 LI는 {LI, SO}를 형성하는데 이때 통사체 SO는 '보충어(complement)'가 된다. 무한병합은 적어도 어휘항목 LI의, 최적으로는 어휘항목 LI만의 특질을 한정한다. EF는 병합이 무한정(unbounded)하다는 사실과 언어는 특정한 회귀적 무한성을 갖는다는 것을 분명히 한다.

여기서 인용된 가장자리자질 EF의 개념을 채택하여 Narita는 EF가 병합을 촉진하며 오직 어휘항목 LI만이 EF를 활용할 수 있다고 가정한다. EF는 LI의 자질인데 만약 투사/자질침투가 없다면 EF를 포함한 LI 의 어떤 자질도 LI와 통사체 SO가 병합되어 형성되는 좀 더 큰 구로 전 이될 수 없다. 따라서 LI는 일단 병합되면 추가의 병합이 더 이상 촉발 되지 않는데, 이는 '병합은 무한하게 반복된다'는 사실에 명백히 반하는 사실이다. 이러한 문제를 해결하기 위하여 Narita는 통사론은 수행체계 와 잘 정의된 도출의 단계(즉, '국면(phases)')에서 수행체계와 여러 번 접합하는 다중전이모델(multiple transfer model)(예, Chomsky 2000a, 2008a)을 가정한다. 전이(Transfer)의 각 적용은 지정된 어휘항목 LI, 즉 국면핵(phase head)의 보충어를 없애고 그 결과 국면핵을 일종의 '재생 된' LI가 되게 한다. 따라서 오직 국면핵만이 병합이 여러 번 적용될 수 있도록 하며 오직 국면핵만이 위장된 선도이동(pied-piping)의 효과를 가지고 '이동'할 수 있다. 이런 식으로 Narita(2009b, 2010)가 제안한 체 계는 특정한 유형의 무한정한 병합을 허용한다. 즉 핵과 보충어에서 보 충어가 전이되면 핵은 혼자 남아 가장자리자질 EF가 재생된다. 그는 동 결효과(freezing effects(Boecks 2008))의 새로운 분석 그리고 등위구조 의 비대칭성에 관한 설명 등을 포함하는 이런 제안의 결과를 계속적으 로 연구하고 있다. 지금까지 필수구구조 이론의 병합운용으로 (2)에 나 타난 구조의 기본적 특성들을 성공적으로 설명하였다.

다음 장은 EF의 개념을 재조명하는 Narita의 제안을 재해석하고자 한다. 즉 앞서 언급한 두 번째의 문제인 병합의 적용이 촉발적 (triggered)인지 아니면 자발적(spontaneous)인지의 문제를 논의하고자 한다.

2.3.3. 가장자리자질

가장자리자질과 관련한 여기서의 논의 핵심은 병합의 적용이 촉발적인지 아니면 자발적으로 일어나는지에 관한 것이다. 병합을 도출의 어느 시점에서도 가능한 UG의 특질로 보는 견해의 결과는 병합된 요소가 접합면에서 적절히 인허되는지의 여부에 따라 수용가능 할 수도 있고 그렇지 않을 수도 있다. 이 견해(Chomsky 1995a, b)에서 병합은 어떤 것에 의해 촉발되는 것이 아니라 자유로이 주어지는 운용이며 최후수단(last resort)에 의존하지 않는다. 즉 자발적 병합은 한마디로 병합은 맹목적으로(blindly) 적용된다는 견해이다. 이러한 견해가 옳다는 실증적인 증거가 있으며(Saito & Fukui 1998), 이러한 가능성은 무시될 수 없다.

병합에 관한 또 다른 견해는 병합의 적용은 일종의 자질-점검의 운용에 의해 촉발되어야만 한다는 점에서 문법의 다른 운용과 동등하다. 이러한 견해는 도출에 잉여적 단계가 없고 모든 운용은 적용되는 '이유'를 갖고 있다는 일반적 최소주의 지침에 의해 동기부여 받는다. EF의 개념은 독립적으로 다루어져야 하는 다양한 사례를 포함하는 추상적 개념으로서의 탐구방식에서 발전된 것처럼 보인다.

어휘항목 LI의 가장자리자질 EF는 LI의 '자질'로 간주되고 이는 LI가 병합될 수 있다는 것을 나타낸다. 그런 자질로서 EF는 어떤 특정한 특질들을 보여준다. 첫째, 감탄사나 동결된 표현을 차치하면 EF는 실질적으로 모든 LI와 관련된다. 어휘부의 자질들은 일반적으로 다른 부류의 어휘항목들을 구별하기 위한 것이다. 따라서 만약 EF가 보편적으로 모든 어휘항목과 관련된다면, 도대체 왜 그러한 자질이 존재하는

지의 이유는 불분명하다. 실제로 EF는 어휘항목, 적어도 어휘항목 정의의 일부와는 동등한 것처럼 보인다. 둘째로, EF는 접합면에서 어떤 직접적인 해석적 역할은 하지 않는다. 따라서 완전해석(full interpretation) 원리가 접합면에서 적용된다고 가정하면 병합이 적용될 때, EF는 분명 접합면에 남아 있으면 안 되는 '비해석성(uninterpretable)' 자질이다. 그렇다면 이는 병합이 적용될 때 분명히 삭제되어야 하지만 삭제될 수 없는데 왜냐하면 만약 EF가 병합의 적용으로 만족될 때 항상 삭제된다면, 주어진 어휘범주의 두 번째, 세 번째의 병합(즉, 지정어)은 없을 것이기 때문이다. 지정어(비보충어)가 있다는 실증적 증거가 있다. 특히 이러한 선택이 내부병합을 허용한다. X와 Y를 병합할 때 X는 Y의 외부에 올 수도 있고 Y의 일부일 수도 있다. 전자의 경우는 (서술어-논항 구조와 관련한) 외부병합이고 반면 후자의 경우는 이동/변형과 동일한 기저이론에서 가정되는 자유롭게 주어지는 내부병합을 의미한다. 내부병합은 인간언어의 근본적인 특질, 즉 (2d)의 의미부의 이중성과 관련이 있다. 따라서 만약 인간언어의 표현력이 완전히 사용되어야 한다면, EF는 삭제될 수 없고 EF의 삭제불가능성은 내부병합을 통한 의미부의 이중성에 대한 근거를 제공한다. 더욱이 어떤 구조적 상황에서 점검될 때 삭제되는 다른 비해석성 자질들과는 달리 EF의 삭제는 아마도 전이(Transfer)의 일부로 수행되는 것 같다(Chomsky 2007:11). 이런 점에서 볼 때, EF는 어휘항목들과 일반적으로 연관되는 다른 자질들과는 완전히 다른 유일한 '자질'이므로 이는 EF를 어휘자질 자체로 보기에는 심각한 문제가 따른다. 그렇다면, EF는 어휘자질이 아니라 병합의 일반적 특질을 기술하는 용어로 보는 것이 자연스러운 결론처럼 보인다.

만약 병합이 첫 번째 견해처럼 어떤 도출 없이 자유롭게 적용된다면, EF가 필요하지도 않다. 그러나 만약 병합의 적용이 추진력을 요구한다면 EF를 대치하는 병합이 적용되는 조건을 필요로 한다. 수많은 숫자의 병합적용에서 병합은 항상 핵(H 또는 LI)과 다른 통사체 α, 즉 H-α(어순 없음)에 적용된다. 즉 병합자는 항상 핵과 다른 통사체 사이에서 일어나는데 실제의 경우를 살펴보면 α가 비핵(전형적으로 구)인 경우가 많다. 따라서 병합이 두 개의 통사체에 적용될 때 하나는 핵이고 다른 하나는 비핵이 되며 이는 두 통사체 사이에 어떤 '구조적 비대칭성(structural asymmetry)'이 있다는 것을 말한다. 이는 병합의 적용과 관련하여 다음과 같은 일반화를 제안한다.

(12) 병합은 비대칭적으로 유도된다.

(12)의 직관은 통사론은 비대칭성을 원하지 않지만 병합을 적용함으로써 이를 수용하려고 한다. 이런 식의 병합은 대칭성을 최대화하는 중요한 기능을 갖는다. 핵 H와 비핵인 α 사이에 존재하는 비대칭성은 대칭적인 집합 {H, α}를 만들어내는 병합의 적용으로 제거된다. 인간언어는 비대칭성을 근원적으로 갖고 있는데 선택적 특질을 갖고 있는 어휘항목이 바로 그것이다. 이러한 LI는 연산에 입력되고 이들이 병합을 촉발하며 비대칭성을 만든다.

만약 (12)와 같은 조건이 유지될 수 있고 또한 유도될 때만 병합이 적용된다면 핵-핵 그리고 XP-XP의 경우와 같은 두 개의 '대칭적' 대상 사이에 병합자란 없다. 사실 이는 앞서 언급한 논의가 예견하는 것이다. 그러나 잘 알려진 '예외'도 있다. 한 특이한 예외는 Chomsky(2007, 2008a)에서 논의된 것처럼 모든 예외적 특질을 갖고 있는 외부논항

(external argument)의 외부 병합자이다. 간단히 앞서 논의된 것처럼 Narita(2009b, 2010)는 이를 국면 대 국면의 다중전이기제(phase-by-phase multiple Transfer mechanism)로 다루려고 했다. 복잡한 [v, [V, Obj]]에서 국면핵 v는 전이에 의해 보충어를 삭제할 수 있다 ([v, [V, Obj]]). 따라서 재생된 국면핵 v, 즉 LI는 EF를 다시 활성화하여 외부논항을 병합하는 병합의 적용을 촉발한다. EF가 어휘항목의 자질이 아니라고 가정하는 경우는 동일한 문제가 발생하지 않는다. 그러나 XP와 YP의 병합자는 이 둘 중의 하나가 국면을 형성할 때만 가능하다는 Narita분석의 직관은 다음과 같이 기술될 수 있다.

(13) 전이는 비대칭성을 만든다.

전이는 국면의 보충어부분을 없애는데 그렇게 함으로써 전체적인 구조를 비대칭적이고 비안정적으로 만들어 (외부 또는 내부)병합의 적용을 촉발한다. 따라서 외부논항의 외부병합자는 vP가 국면(v는 국면핵)이라는 독립적으로 설정된 사실에 의해 적절히 동기부여 받는다. 이 접근법은 또한 이동(내부병합)은 오직 국면단계(기본적으로 vP와 CP)에서만 일어난다는 사실을 설명한다. 왜냐하면 국면핵만이 전이를 촉발할 수 있고 이는 다시 비대칭성을 만들어 (내부)병합의 적용을 촉발하기 때문이다.

핵-핵 병합의 사례, 특히 도출의 첫 번째 단계와 관련해서는 두 개의 LI가 병합될 때 조건 (12)가 병합이 적용되도록 강요하지 않는다. 여기서 우리는 병합의 한 선택은 {x}라는 단일집합을 형성하고 이 단일집합의 형성이 오직 명사에만 적용된다는 Kayne(2008)의 생각을 채택할 수도 있다. 따라서 N과 V가 병합될 때, (단일형성)인 병합은 먼저 N에 적용되어 {N}을 만든 후 이것이 조건 (12)와 일치하는 병합의 적용을 촉진하는 비대칭성(V와 {N})을 만들어서 그 결과 원하는 바의 집합 {V, {N}}을 형성한다.

이런 식으로 우리는 어휘항목과 관련된 실질적인 자질로서 EF에 의존하지 않고도 병합이 적용되어야만 하는 조건을 설명할 수 있다.

이 논의는 대략적이고 비결론적이므로 제안이 좀 더 실질적이 되려면 조건 (13)에서 말하고 있는 '비대칭성'의 개념을 분명히 할 필요가 있다. 그러나 이 작업은 어려운 일인데 왜냐하면 병합이 통사체 X와 Y에 언제 적용될 수 있는지에 관한 일치된 결론이 없기 때문이다. LI가 연산을 위한 '원자(atom)'라는 것은 일반적 주장이다. 만약 LI가 진정 원자라면 병합은 EF가 LI의 자질이라고 할 경우 EF를 포함하는 LI의 자질집합 안에 내장된 어떠한 정보도 얻을 수 없다. 그렇다면 X와 Y가 (EF를 포함하는) LI라는 것을 어떻게 알 수 있는가? 바계층(bar-level) 과 다른 부호들은 포함원리(inclusiveness)의 위배로서 필수이론에서 제외되므로 이러한 것들은 LI에 없다. 병합에 보이는 유일한 것은 병합의 적용에 따라 형성되는 집합의 층위에 관한 정보인 집합괄호(braces)뿐이다(n번째 순서의 개념). 따라서 만약 집합괄호가 진정 본체론적 (ontological)이고 병합이 집합괄호들(또는 이와 유사한 것)을 볼 수 있다면 x와 {x}는 구별될 수 있다. 이런 식으로 병합은 병합이 적용되는지 아닌지를 판단하기 위해 비대칭성의 유무를 감지할 수 있어야 한다. 그러나 이런 수준을 넘어서 통사체의 얼마나 많은 정보들이 병합에 관여하는지를 알아보기란 어렵다. EF가 진정 어휘항목의 자질이라면 병합이 EF를 포함하는 어떤 자질에 의해 '촉발'되는 체계는 의심의 여지가 남아있다. 위에서 말한 제안은 자질-촉발 병합접근법(feature-triggered Merge approach)의 근본적인 문제점을 간신히 모면한다. 또한 병합이 비대칭성에 의해 추진되지 않을 때에도 병합이 적용되는지의 문제는 아직 남아있음을 알아두라. 아마도 병합은 항상 가능하고 촉발자(trigger) 없이도 적용이 자유롭지만 (12)와 같은 조건에 의해서 추진될 때 적용을 강요받는다는 것이 맞을 것이다. 앞서 언급했듯이 이러한 가능성이 평가절하되면 안 된다.

차선적인 견해로서 우리는 병합은 X와 Y가 무엇이며 어떤 자질들을 갖고 있는지 상관하지 않고 무조건적으로 그리고 자유롭게 X와 Y에 적용되며 (Chomsky(2008a:145)의 표찰 붙이기 알고리듬처럼) 병합에 의해 형성된 다양한 구조특질을 다룰 수 있다고 제안할 수 있다. 동일한 '원자' 문제가 (즉 어떻게 LI와 LI가 아닌 것을 구별하는 것) 기제와 관련하여 즉각 발생할 수 있지만 병합자체는 이런 접근법에서 가장 간단한 형태를 유지할 수도 있다.

현재 중요한 증거가 없으므로 이러한 모든 가능성을 미래의 연구에 열어두고 다음 절에서는 병합의 어떤 특질들(그리고 인허체계)을 직접적으로 보여주는 일본어 통사론을 간단히 논의한다.

2.3.4. 병합과 일본어 통사론

'자발적' 병합체계를 직접적으로 보여주는 자료가 있는데 일본어 통사론이 이에 속한다. 일본어의 표현들은, 특히 절들은 영어와 같은 언어에서 일반적으로 관찰되지 않는 가장자리에서 어떤 반복적 특질을 보여준다. (14)와 같은 문장은 완전한 문장처럼 보이지만 가장자리에 (15)처럼

주격표지를 갖는 명사구를 붙임으로써 무한대로 문장을 확장하는 것이
가능하다.

(14) Dare-mo   (sono gakkai-ni)   ko-nakat-ta.
   anybody-even   that conference   come-not-Past
   Lit. 'Anybody did not come (to that conference)'
   'Nobody came (to that conference).'

(15) a. Daigakuinsei-ga [dare-mo (sono gakkai-ni) konakatta.]
      Lit. 'Graduate students, anybody did not come
         (to that conference).'
      'As for graduate students, none of them came (to that
      conference).'
   b. Seisuuron-ga [daigakuinsei-ga [dare-mo(sono gakkai-ni)
      konakatta]].
      Lit. 'Number theory, graduate students, anybody did not
         come (to that conference).'
      'As for number theory, none of graduate students, anybody
      did not come (to that conference).'
   c. Suugakuka-ga [seisuuron-ga [daigakuinsei-ga [dare-mo (sono
      gakkai-ni] konakatta]]].
      Lit. 'Mathematics department, number theory, graduate
         students, anybody did not come (to that conference).'
      'As for the mathematics department, number theory, graduate
      students, anybody did not come (to that conference).'

d. Harvard-ga [suugakuka-ga [seisuuron-ga [daigakuinsei-ga [dare-mo (sono gakkai-ni) konakatta.

    Lit. 'Harvard, mathematics department, number theory, graduate students, anybody did not come (to that conference).'

    'As for Harvard, none of the graduate students in the mathematics department in the area of number theory came (to that conference).'

위와 같은 식으로 문장은 무한반복이 가능하다. 문장의 실질적 가능성은 추가되는 주격 명사구와 나머지 문장과의 적절한 관련성이 얼마나 쉽게 포착되는가에 달려있지만 일본어 통사론은 가장자리에서 문장의 무한한 확장을 허용하며 해석이 가능하다고 주장할 수 있다. 좀 더 일반적으로 주어진 문장 S와 구범주 XP에서 이 둘을 결합하여 {XP, S}의 구조를 결합하는 것이 일본어에서는 항상 가능하다. 그렇다면 적절한 해석이 XP와 S사이에 가능한지 살펴볼 필요가 있다. 이러한 '적절한 해석적 관계'는 다음과 같은 모든 종류의 의미적/담화적(화행적) 관계를 포함한다. 즉 화제-평언(topic-comment), 초점-전제(focus-presupposition), 부분-전체, 서술관계(predication), 상황이 그러하다는 것을 나타내는 '관함관계(aboutness)'가 통사론이 해석적 통로를 만든다는 것, 즉 통사론의 결과물이 의미적/통사적 접합면을 촉진하여 적절한 해석이 만들어진다는 것을 나타내는 것 같다. 만약 그러한 관계가 유지되면 구조는 적절히 해석된다. 만약 그렇지 않다면, 결과된 표현은 비해석적 또는 비자연적인 것으로 판단된다. 이런 사례 그리고 지도제작(cartography) 등과 관련한 모든 중요한 문제들을 추출하면 이러한 것들은 일본어에서 문장

(그리고 명사구)의 가장자리에서 일어나며, 다른 말로 '무한병합(unbounded Merge)'은 일본어 통사론에서 완전한 힘을 갖는다.

이런 기본적인 특질은 일본어에서 분명한 '화제 돌출성(topic-prominence)'뿐만 아니라 다음과 같은 다양한 현상들과 관련이 있다.

(16) a. 다중 ga/no
      b. 뒤섞기(scrambling)
      c. 공백 없는 화제 구문(gapless topic construction)
      d. 공백 없는 관계절(gapless relative clause)
      e. 간접 수동태(indirect passive)
      f. 다중-핵 구문(다중 핵 관계절과 분열구문(cleft))

위의 현상들은 영어와는 달리 일본어에서는 가능한 특질로 널리 지적되어왔다. 그러나 이러한 특질은 위에서 언급한 {XP, S}의 특질에 속하며 해석을 갖는다. 일본어 통사론은 아주 자유롭게 새로운 구조를 허용하고 그것을 해석부문으로 보내는데 XP와 S의 적절한 해석의 가능성에 따라 화자들의 판단은 다양할 수 있지만 핵심은 이러한 구조들은 (자연스럽지 않을 수 있지만) 통사규칙을 위배하지도 않고 따라서 비문법적이지도 않다.

재미있게도 반복적 기제가 사용되면 섬제약(island constraint)을 피할 수도 있어서 일본어에서 뒤섞기나 관계절을 갖는 하위인접조건(subjacency)은 다소 '약(weak)'하다. 왜냐하면 섬제약을 위배할 것으로 생각되는 어떤 예문들이 실제로 일본어에서는 수용가능하다. 예를 들면, (17a)와 (17b)는 하위인접조건에 위배되지만 수용가능한 문장이다. (밑

줄 친 부분은 명사구가 의미역을 받는다고 생각되는 위치이다.)

(17) a. Sono-haiyuu-ni [s boku-wa ima [NP [S sensyuu
that-actor-Dat   I-Top   now   last week
Tokyo de __ atta] hito]-o   sagasite-iru tokoro da].
in   met person-Acc   be-looking for
Lit. 'That action, I'm now in the process of looking
for the person who met in Tokyo last week.'
b. [s[NP[s __ kawaigatte ita] inu]-ga kyonen sindesimatta]
took loving care of dog-Nom   last year died
otokonoko
boy
Lit. 'the boy who the dog he was taking good care
of died last year.'

(17a)의 예문은 관계절로부터 뒤섞기를 포함하는데 완전하지는 않지만
영어의 상응하는 문장과 비교하면 문법적이라고 할 수 있다. 그리고 주
어조건(subject condition), 부가어조건(adjunct condition), 비상관 복합
명사구(non-relative complex NP) 등과 같은 다른 유형의 유사한 예들
을 구성하기란 쉽다. Kuno(1973)의 예문인 (17b)는 관계절 안에 관계절
이 삽입되는 예문인데 완전히 문법적이다. 이 두 경우 모두 구조의 맨
꼭대기에서 병합작용에 의해 XP가 S와 병합하는 경우인데 XP와 S사이
에 적절한 해석적 관계가 설정되는 한, XP는 병합이 일어나는 곳에서
국소적으로 인허되고, 그 결과 효율적으로 하위인접조건을 위배하는 이
동을 무효화시킨다.

따라서 무한병합은 (16)과 같은 구성들을 위한 기초를 제공할 뿐만 아니라 (17)에서 기술되는 것과 같은 어떤 섬제약에 대한 일종의 보수전략(repair strategy)을 제공한다. 일본어의 이러한 '특이한' 사실을 설명하기위해 어떤 것을 규정할 필요가 없다는 것을 알아두라. 이러한 현상들은 필요한 접합면의 (해석적인) 인허와 함께 무한병합의 직접적인 결과물이다. 이런 견해에서 일본어 통사론은 순수하게 UG의 특성을 반영한다. 따라서 설명될 필요가 있는 것은 무한병합이 허용되지 않는 것, 즉 (16)과 같은 특질이 결여된 영어의 구문들이다.

간단히 말해, 일본어 통사론은 UG의 필수적 최소화인 병합과 접합면의 요건이 어떻게 작용하는지를 보여주는 것처럼 보인다. 언어의 특이한 특질처럼 간주되어오던 일련의 일본어 특질들이 간단히 무한병합과 접합면에서의 해석인허조건으로 축소될 수 있다. 일본어에서 구조들은 선천적으로 비대칭적(즉 '개방적(open)')이라고 적절히 규명될 수 있도록 '대칭/비대칭'의 이성적 개념이 확립되지 않는다면, 일본어의 특질들은 병합이 어떤 추진력 없이도 다소 자유롭게 일어난다는 견해를 지지하는 것처럼 보인다.

2.3.5. 요약

병합 그리고 병합과 관련된 문제에 관한 논의를 요약해보자. 병합이란 간단한 집합형성(set-formation) 운용이다. 즉, 두 개의 통사체(SO) α와 β에 병합을 적용하여 집합 {α, β}를 형성한다. 병합에 대한 이러한 대칭적 견해는 전통적 X'-이론의 핵심적 직관인 표찰/핵중심성(labels/headedness)의 개념을 설명하지 못한다. 이러한 문제에 대한 한 접근법은 표찰 붙이기는 구조-형성운용의 일부가 아니라 부수현상이며 최소탐색(minimal search)과 같은 일반원리에 의해 예견이 가능하다는 것이다. 또 다른 접근법은 표찰 붙이기를 인간언어 구조형성과정의 근본적인 부분으로 간주하고 표찰/핵중심성을 직접 설명할 수 있는 자체-삽입(삽입하기(Embed))의 추가 운용이 있다고 보는 것이다. 더욱이 합성(composition)(병합), 자체-삽입(삽입하기), 그리고 반복성(회귀성)을 추려내면, 좀 더 정교한 분석이 가능한데 이는 진화, 발전, 그리고 인간언어능력의 (부분적) 상실에 관한 문제들과 관련한다. 첫 번째 접근법의 한 급진적 견해는 통사론에 '투사(projection)'의 개념은 없다고 주장한다. 병합은 가장자리자질 EF에 의해 촉발된다고 가정되지만 (LI의 자질인) EF는 이 견해에서는 투사될 수 없으므로 각 LI에 병합이 두 번 이상 적용될 수 없다. 이 문제는 국면단계에서만 적용되는 전이(Transfer)가 핵을 LI에서 다시 부활시키는 부수효과를 갖는다고 가정함으로써 해결된다. 그렇다면 오직 국면핵만이 지정어와 비보충어를 허용하고 국면핵들은 '이동'할 수 있게 된다.

또한 EF의 개념이 심각하게 논의되었는데 EF는 모든 다른 '전통적인' 자질들과 구별되는 독특한 자질(a unique feature)로 주장된다. EF는 접합면에서 어떤 직접적인 해석적 역할을 하지 못하므로 이는 분명 '비해석성' 자질이다. 그러나 다른 비해석성 자질들과 달리, 만족되었을 때 삭제되는 것 같지도 않다. 이러한 특질들은 EF를 다른 어휘자질들과 동등하게 취급하는 것은 이상하다는 것을 보여준다. 따라서 EF는 병합이 LI와 관련될 때 병합이 적용되는 일반조건을 기술하는 '항(term)'이라고 제안된다. 병합의 적용과 관련해서는 두 가지 견해가 있다. 하나는 병합이 촉발자(trigger)없이도 자유로이 무조건적으로 적용된다는 것인데 이 견해에서는 기본적으로 EF가 필요 없다. 또 다른 견해는 병합이 EF와 같은 요소에 의해 촉발된다는 것인데 여기서는 병합이 핵과 다른 비핵 통사체에 항상 적용된다는 관찰에 기초하여 두 개의 통사체 사이에 적용되는 '구조적 비대칭성(structural asymmetry)'이 병합의 추진력이 된다고 제안된다. 기본적으로 병합은 통사론에서 비대칭성을 축소시키고 대칭성을 최대화한다. 전이의 특별한 역할은 병합의 적용과 관련해서 전이가 비대칭성을 만들고 그 결과 병합이 각 LI에 대해 두 번 이상 적용되는 것이 가능하게 만든다는 사실에 기초한다.

　　마지막으로 아주 잘 알려진 일본어 통사론((15) & (16))이 병합의 일반적 특질의 관점에서 논의되었는데 이러한 특질들은 문헌에서 일본어의 특이한 특질이라고 알려져 왔다. 그러나 이러한 것들은 통사론이 만드는 구조에 적절한 해석을 부여하는 접합면 기제와 더불어 무한병합의 직접적 결과로 분석될 수 있다. 그렇다면 이들은 더 이상 일본어의 특이한 특질이 아니라 병합의 일반적 특질이며 오히려 병합의 자유적용이 금지되는 영어와 같은 경우가 설명이 필요해지는 상황이 된다.

2.4. 결론

역사적인 배경을 간단히 살펴본 후 필수구구조 이론의 핵심인 병합에 초점을 두고 병합운용에 의해 인간언어의 근본적인 특질들이 어떻게 설명될 수 있는지를 살펴보았다. 지금까지 논의한대로 현재의 상황은 다음과 같다. 특성 (2a)의 계층적 구조의 존재는 병합이 반복적이나 비연합적(non-associative)이라고 가정한다면 병합에 의해서 분명히 설명된다. EF(또는 구조적 비대칭성)가 병합을 촉진하는지 병합이 촉발자 없이 자유로이 적용되는지의 문제가 있긴 하지만 특성 (2b)의 비한정성/이산적 무한성은 EF에 의해 설명된다. 어떤 경우든 무한병합이 인간언어가 보이는 비한정성/이산적 무한성을 설명한다. 전통적 X'-이론의 직관인 (2c)의 내심성/핵중심성(표찰 붙이기)은 다소 논란의 여지가 있다. 이는 최소탐색처럼 제 3의 요소 원리에 의해 결정되므로 인간언어능력과 무관하거나 또는 삽입하기(Embed)와 같은 추가적 운용을 수단으로 UG에 의해 포착될 필요가 있는 인간언어능력의 필수적 특성일 수 있다. 마지막으로 특성 (2d)인 의미부의 이중성은 초기 문법모델에서 변형을 위한 기본 동기중의 하나인데 이것 또한 병합, 즉 외부병합과 내부병합의 차이로 설명된다.

이런 식으로 필수구구조 이론은 기본적인 병합운용의 관점에서 (2)에 나타난 모든 기본적 구조특성인 구조계층성, 이산적 무한성, 핵중심성, 의미부의 이중성을 성공적으로 설명한다. 최소주의의 목표에서 이는 놀랍고도 분명한 바람직한 결론이다. 반복적 병합이 회귀적 생성의 가장 간단한 가능모델이며 몇 몇 재미있는 문제들(예, 복수관할, 선행순서의 역할, 표찰 붙이기)을 제외하면 병합의 논의는 상당히 마무리된 것 같다. 그렇다면 이것이 앞으로 구구조이론에 연구할 것이 없다는 것을 의미하는가? 그렇지는 않다고 생각한다.

이와 관련한 가능성 있는 연구분야는 문법의 강력한 생성능력이 설명적 타당성 또는 그 이상의 것에 대한 실증적 중요성의 문제와 관련됨에 따라 이에 대한 수학적 연구라고 생각한다. 이론적 언어학의 중요성에도 불구하고 Chomsky와 Schützenberger(1963)이후 강력한 생성능력의 연구는 오랫동안 미루어져 왔다. Kuroda(1976)의 구구조 언어의 강력한 생성력에 대한 위상(기하학(topological))연구는 널리 알려지지는 않았지만 중요한 진전으로 이 분야연구에서 중요한 수학적 문제를 제기했다. Kuroda는 구구조 언어(tree language)의 한정된 구집합과 관련된 일련의 위상공간(topological space)을 소개하고 이러한 위상공간의 지속적 기능과 관련하여 한 구구조 언어에서 다른 구구조 언어로의 '지속적 기능(continuous function)'의 개념을 정의했다. 그렇다면 구구조 언어를 생성하는 문법은 구조적으로 동질형적인 유형으로 정교하게 분류될 수 있다. 그는 언어와 문법의 구조적 유사성을 탐구하는데 전통적 개념의 강한 등치(equivalence)의 개념보다는 위상적인 방법이 수학적으로 그리고 언어학적으로 좀 더 적절하고도 좋은 수단을 제공한다고 주장한다.

Kuroda(2008)의 최근 연구는 다소 예상치 못한 방식으로 강한 생성력에 대한 수학적 연구가 중요한 실증적 중요성을 갖는 탐구영역을 제공한다는 주장을 더욱 확인하고 있다. Kuroda는 구구조 언어들과 ξ (크사이 xi) 함수사이의 어떤 유사성을 지적한다. 18세기의 Euler에 의해 먼저 지적되고 후에 여러 수학자들(Riemann, Dirichlet, Hecke, 등)에 의해 발전된 ξ 함수는 실질적으로 수학적 구조의 모든 면, 특히 수이론(number theory)에 나타나고 때론 물리학의 분자이론에도 수학적 실체를 가지고 나타난다는 점에서 '주된' 수학적 대상이다. Kuroda는 ξ 함수의 Euler 표현체를 (확장된 형태의) 구구조표현으로 변형시키기 위한 형식적 과정을 고안했다. 구구조 언어를 수학화하여 ξ 함수값이 계산될 수 있는데 이는 ξ 함수가 구구조 언어의 축적된 합계의 표현을 가질 수 있다고 말할 수 있는 상황으로 이어진다. 이러한 과정은 Ramanujan의 제 2단계 ξ 함수에 해당하며 이는 자연스럽게 합동 ξ 함수도 포함할 수 있는 좀 더 높은 단계의 ξ 함수 사례에도 적용될 수 있다고 추측된다. Kuroda의 과정은 문맥자유 구구조문법(context-free phrase structure grammar)처럼 연쇄적인 체계의 관점에서 기술되지만 그의 결과는 병합 기초생성체계(Merge-based generative system)로 쉽게 전환될 수 있어야 한다.

구구조의 수학적 연구는 이론언어학에서 아직 많은 주목을 받지 못하지만 '자연의 위대한 책은 수학적 언어로 쓰여진다'는 갈릴리 선언(Galilean dictum)이 진정 옳다면 그리고 생물언어학의 발전을 통하여 가정되어 온 것처럼 인간의 언어능력이 자연세계의 일부라면 언어와 수학의 연결은 겉보기 보다는 훨씬 더 실제적이며 언어능력과 '수 능력(number faculty)'은 동일한 근원을 갖는다는 Chomsky(1980b)의 주장에 설득력을 부여한다.

제2장 요약

　제2장에서, 우리는 필수구구조(Bare Phrase Structure)와 병합 (Merge)이론이 생겨난 역사적 배경을 설명했다. 첫째, 구조계층성, 이산 적 무한성, 핵중심성, 의미부의 이중성과 같은 핵심적인 구조특성들이 필수구구조이론(Bare Phrase Structure)과 병합(Merge)이론으로 어떻게 설명될 수 있는지의 문제와 둘째, 병합의 적용이 촉발적(triggered)인지 아니면 자발적(spontaneous)인지의 문제를 살펴보았다.

　병합이 반복적이나 비연합적(non-associative)이라고 가정한다면 계 층적 구조의 존재는 병합에 의해서 설명되며 이산적 무한성은 가장자리 자질 EF에 의해 설명된다. 전통적 X'-이론의 직관인 핵중심성(표찰 붙이 기)은 최소탐색처럼 제 3의 요소 원리에 의해 결정되거나 삽입하기 (Embed)와 같은 추가적 운용을 수단으로 설명될 수 있고 의미부의 이 중성은 초기 문법모델에서 변형을 위한 기본 동기중의 하나인데 이는 병합, 즉 외부병합과 내부병합으로 설명된다.

　병합 그리고 병합과 관련된 논의를 요약하면 병합이란 간단한 집합 형성(set-formation) 운용이다. 즉, 두 개의 통사체(SO) α와 β에 병합을 적용하여 집합 {α, β}를 형성한다. 병합에 대한 이러한 대칭적 견해는 전통적 X'-이론의 핵심적 직관인 표찰/핵중심성(labels/headedness)의 개 념을 설명하지 못한다. 이러한 문제에 대한 한 접근법으로는 표찰 붙이 기는 구조형성운용의 일부가 아니라 부수현상이며 최소탐색(minimal search)과 같은 일반원리에 의해 예견이 가능하다는 접근법이 있고 또 다른 접근법은 표찰 붙이기를 인간언어 구조형성과정의 근본적인 부분으로 간주하고 표찰/핵중심성을 직접 설명할 수 있는 자체-삽입(삽입하기(Embed))의 추가 운용이 있다고 보는 것이다. 첫 번째 접근법의 한 급진적 견해는 통사론에 '투사(projection)'의 개념은 없다고 주장한다. 병합은 가장자리자질 EF에 의해 촉발된다고 가정되지만 (LI의 자질인) EF는 이 견해에서는 투사될 수 없으므로 각 LI에 병합이 두 번 이상 적용될 수 없다. 이 문제는 국면단계에서만 적용되는 전이(Transfer)가 핵을 LI에서 다시 부활시키는 부수효과를 갖는다고 가정함으로써 해결된다. 그렇다면 오직 국면핵만이 지정어와 비보충어를 허용하고 국면핵은 '이동'할 수 있게 된다.

또한 EF는 모든 다른 '전통적' 자질들과 구별되는 독특한 자질(a unique feature)로서 접합면에서 해석적 역할을 하지 못하므로 '비해석성' 자질이지만 다른 비해석성 자질들과 달리, 만족되었을 때 삭제되지도 않으므로 EF는 병합이 LI와 관련될 때 '병합이 적용되는 일반조건을 기술하는 항(term)'이라고 제안된다. 병합의 적용과 관련해서는 두 가지 견해가 있다. 하나는 병합이 촉발자(trigger)없이도 자유로이 무조건적으로 적용된다는 것인데 이 견해에서는 기본적으로 EF가 필요 없다. 또 다른 견해는 병합이 EF와 같은 요소에 의해 촉발된다는 것인데 여기서는 병합이 핵과 다른 비핵 통사체에 항상 적용된다는 관찰에 기초하여 '구조적 비대칭성(structural asymmetry)'이 병합의 추진력이 된다고 제안한다. 기본적으로 병합은 통사론에서 비대칭성을 축소시키고 대칭성을 최대화한다. 전이가 비대칭성을 만들고 그 결과 병합이 각 LI에 대해 두 번 이상 적용되는 것이 가능하게 만든다. 마지막으로 일본어 통사론

은 병합은 촉발되는 것이 아니라 자발적으로 적용된다는 병합이론을 지
지하는 실증적 증거를 제시한다.

제3장

최후수단의 원리와 그 양상

3.1. 서론

최소주의에서는 언어가 어휘부(lexicon)와 연산체계(computational system)로 이루어져 있다고 가정하는데 연산체계는 조음·지각(articulatory-perceptual), 그리고 개념·의도(conceptual-intentional)의 두 수행 체계에 PF와 LF라는 두 언어층위를 접합시킴으로써 이루어진다. 한 연산이 적정한 PF, LF 목적물로만 이루어져 있으면 PF와 LF의 두 접합면(interface)에서 합치(converge)하게 되는데 여기서 유의할 것은 이 연산체계의 운용을 규제하는 중요한 척도가 존재한다는 점이다. 이 척도는 종종 우리가 경제성의 원리(Economy Principle)라고 부르는 것이며 그 중의 중요한 하나의 조건이 바로 최후수단조건(Last Resort Condition)이다. 최후수단조건은 도출(derivation)에 있어서 필요 없는 운용은 일어나서는 안 된다는 것, 즉 운용의 모든 개별 단계들이 꼭 필요한 경우에만 일어날 수 있다는 생각에 토대를 두고 있다. 이 조건은 도출뿐만이 아니라 표상(representation)도 제어하여 모든 상징들은 꼭 필요할 때에만 나타날 수 있고 필요 없는 상징은 나타나서는 안 된다는 제약으로 기능한다. 결국 이 최후수단조건은 도출과 표상 모두 최소한의 과정과 상징으로 이루어질 것을 요구한다고 볼 수 있다.

최후수단원리를 논하려면 필연적으로 어떤 통사적 운용의 동인(driving force)이 무엇인가라는 질문에 답해야 한다. 따라서 이 원리를 논하면서 우리는 통사적 운용의 동인을 동시에 살펴보게 될 것이다.

3.2. 도출에 있어서 불필요한 단계의 금지

3.2.1. 최후수단과 이동

GB로 대변되는 1970-80년대 통사론에서는 이동에 아무런 제약을 두지 않고 자유로이 일어날 수 있도록 하되(Move-α) 잘못된 이동의 경우는 원리나 제약에 의해 가려내는 접근법이 주류를 이루었으나 최소주의 이론에서는 이동이 경제성에 기반을 둔 최후수단으로서 발생한다는 생각, 즉 어떤 형식적 필요성을 충족시키기 위해 반드시 요구되는 경우에만 일어나야 한다는 생각이 주류를 이루게 되었다. 한 예로 아래 (1)의 예에서 *Mary*는 원래의 위치인 부정사절의 주어 자리(흔적 위치)에서 격을 받을 수 없기 때문에 격을 받기 위해 주절 주어 자리로 가야 한다는 것이 이동의 이유로 제시되었고 일단 주어자리에 가면 격 요건이 충족되

었기 때문에 더 이상 격과 관련된 이동, 즉 논항 이동(A-movement)을
겪을 수 없다고 보았다.

    (1)   Mary$_i$ is certain t$_i$ to leave

만일 이미 격을 받은 명사구가 아래에서와 같이 추가적으로 논항이동을
겪으면 이는 최후수단으로서의 이동이 아니기 때문에 허락되지 않고 따
라서 문장은 비문이 된다.

    (2)   a. *Mary$_i$ is certain (that) t$_i$ will leave
           b. *The belief Mary$_i$ to be likely t$_i$ will leave

    최후수단과 관련된 논의에서 중요한 논점은 이동을 촉발시키는 형
식적 부적합성이 어디에 있는가 하는 것이다. 이에 대해서 생각할 수 있
는 답으로 (a) 항상 표적(target)에 있다고 보는 안(순수 유인(pure
Attract)) (b) 항상 이동하는 요소에 있다고 보는 안(이기성(=Greed)),
(c) 표적이나 이동하는 요소 중 어느 하나에 있다고 보는 안(Lasnik
(1995a)의 계몽된 이기성(Enlightened self interest)의 세 가지가 있을
수 있다. Chomsky는 최소주의의 초기에는 이동의 동인이 이동하는 요
소에 있다고 보았다가 이후에 표적에 있다는 쪽으로 입장을 바꾸었는데
Boščović(2007)는 이를 다시 되돌려 이동의 동인이 이동하는 요소에 있
다는 주장을 하고 있다.
    표적에 이동의 동인이 있다고 보는 유인의 경우 (1)에서 형식적 부
적합성이 있는 부분은 주절의 T/I이고 이 부적합성을 해소하기 위해 이

동이 일어난다는 입장을 취한다. 이때 부적합한 자질은 EPP 자질이나 격(Case) 자질이 되는데 이것이 명사구인 *Mary*의 이동을 통해서 해소되게 되는 것이다. 만일 이 때 T에서 문제가 되는 형식적으로 부적합한 자질을 격이라고 보면 (2a,b)의 예들을 설명하는 데는 문제가 없다. (2a)의 경우에는 이미 *Mary*의 격이 종속절에서 점검을 통해 사라졌으므로 더 이상 주격을 점검해 줄 수 없고 따라서 비문법성이 설명이 된다. (2b)의 경우에는 이동을 촉발할 요소가 아예 없는데 이동이 일어났으므로 비문법성을 설명할 수 있다. 그러나 문제는 (3)과 같은 경우를 유인의 관점에서 설명할 수가 없다는 점이다. *Mary*는 이미 격을 받았으므로 이동할 필요가 없고 따라서 이 문장은 문법적이어야 하는데 실제로는 그렇지 않아서 격에 의존한 설명에 문제를 야기한다.

(3)   *the belief to be likely Mary will fail the exam

그렇다면 T가 가진 자질 중 문제가 되는 것이 EPP라고 보면 어떻게 될 것인가? 이때는 (3)이 왜 비문인지 설명하기는 어렵지 않다. 왜냐하면 이동이 일어나지 않으면 *belief*의 보문절의 T가 지닌 EPP 자질이 점검되지 않기 때문이다. 그러나 앞서와 달리 (2)를 설명하는데 있어 문제가 생긴다. (2b)의 경우 이동의 동인이 존재하기 때문에 불필요한 이동이 일어났다고 할 수 없고 따라서 왜 이 문장이 비문인지도 설명할 수 없게 된다.

이동의 동인에 대해서 많은 학자들이 Chomsky(2000a)의 안을 받아들여 왔지만 Bošković는 최근 일련의 논문들에서 Chomsky의 표적중심 이동 분석에 문제가 있음을 지적하고 그 대안으로서 이동요소 중심

분석을 제시하였다. 이에 이 두 분석들을 비교하는 것이 의의가 있을 것으로 보고 이들을 중점적으로 논의해 보겠다. 우선 Chomsky(2000a)의 특징은 과거 비현시적 의존관계(covert dependencies)에서 적용하던 일치 설명을 이동에서 채택한다는 점이다. 일치에 입각한 설명에서는 탐침과 목표의 두 요소가 실제 이동 없이 멀리서 자질 점검을 한다고 본다. 전통적인 비현시적 의존관계(covert dependencies)의 경우에는 이 일치 이외에 다른 운용이 일어나지 않지만 Chomsky는 이를 다른 방식으로 전개하여 일치가 이동의 선결조건이 된다는 주장을 편다. 즉 이동이 일어나기 전에 탐침과 목표가 일단 일치를 겪고 탐침인 X에 EPP 자질이 있으면 추가적으로 일치를 겪은 요소가 이동을 하여 이 자질을 점검해 주게 된다는 것이다.

그러나 Boščović(2007)가 잘 지적하고 있듯이 이러한 설명은 쉽게 해결하기 어려운 문제를 안고 있다. 다음의 문장들을 보도록 하자.

(4)   What$_i$ do you think [$_{CP}$ t$_i$ [$_C$ that Mary bought t$_i$]]

(5)   a.   Who thinks that Mary bought what?

      b. *Who thinks what that Mary bought?

(5)는 복수의 의문사가 있는 구문인데 (5a)와 (5b)의 문법성 차이에서 알 수 있는 바와 같이 하나의 의문사만 주절로 이동하면 상관이 없지만 나머지 하나의 의문사까지 비의문자질을 지닌 매입절 C의 Spec으로 이동해 가면 비문이 된다. 그런데 여기서 문제가 되는 것은 (4)와 (5b)의 경우 모두 도출의 한 시점에서 똑같이 (6)의 구조를 지니게 된다는 점이다.

(6) [$_{CP}$ what$_i$ [$_{C'}$ that [$_{TP}$ Mary bought t$_i$]]]

이와 같이 *what*의 이동이 촉발되기 위해서는 보문자 *that*이 EPP 자질을 가져야 하는데 이 때 EPP 자질이 나중에 필요할 것인지 아닐지를 알 수가 없다는 것이 문제이다. (4)의 경우에는 추후의 이동을 위해 EPP 자질이 있어야만 하는데 반해 (5b)의 경우에는 그렇지 않아야 하는데 이 단계에서는 그것을 알 수가 없다. 올바른 도출에 이르는 유일한 방법은 자의적으로 (4)의 경우에는 매입절 C에 EPP 자질을 부여하여 의문사의 이동을 유발하고 (5b)의 경우에는 EPP 자질이 없다고 함으로써 이동을 하지 못하게 하는 것으로 보인다. 다시 말하면, 표적중심 이론 하에서는 나중에 무슨 일이 일어날 것인지를 미리부터 알고 있어야 한다는 예상 적용의 문제(look-ahead problem)가 발생한다.

그런데 이 문제는 위의 특정한 구문에서만 발생하는 것이 아니라 여러 구문에서 전반적으로 발생하는 문제라는 점에 우리는 주목할 필요가 있다. 아래의 구조를 보도록 하자.

(7) W [$_{XP}$ ... X ... Y]
     *u*F   *i*F
     K   *u*K
     EPP

이 구조에서 X는 핵이고 XP는 국면이며 Y는 W로 이동을 해야 한다. 또한 활성화 조건(Activation Condition)[21]을 충족시키기 위해 Y에는

---

21) 활성화 조건은 다음의 내용을 지닌다: 어떤 표현에 비해석적 자질이 있을 경

비해석자질인 uK가 있어야 한다. (7)에서 W가 삽입되기 이전 단계인 (8)을 보자.

(8) [$_{XP}$ ... X ... Y]
　　　　　　　iF
　　　　　　　uK

(8)에서, XP가 국면이기 때문에 Y가 XP 바깥으로 나중에 이동을 해 나가려면 국면침투불가 요건(Phase Impenetrability Condition, PIC)[22]을 어기지 않기 위해 미리 XP의 지정어 자리로 이동해 가야 한다. 그런데 모든 이동에는 동인이 있어야 하므로 X에 EPP 자질을 줄 수밖에 없게 된다. 그렇다면 앞서의 의문사 이동의 경우에서 그랬던 것처럼, 언제 X에 EPP 자질을 주어야 할지 말지를 W가 없는 상태에서 결정해야 하므로 이는 자의적인 결정이 될 것이며 예상적용의 문제에서 벗어날 수 없다는 것을 알 수 있다.

　　이러한 문제점을 인식하고 Bošković(2007)는 이동을 촉발시키는 자질을 위의 W, 즉 표적이 아니라 이동하는 요소인 Y에 부여해야 한다는 주장을 편다. 유인이론에서는 탐침이 목표를 성분통어하고 또 비해석적 자질도 가져야 한다고 가정하지만 Bošković는 탐침과 비해석적 자질의 관계가 일방적인 것이 아니라 쌍방적인 것, 즉 탐침이 비해석적 자

　　우에만 활성화가 일어난다(A phrase is activated only when it has an uninterpretable feature.).

[22] 국면침투불가 요건(PIC)의 내용은 다음과 같다: 국면의 핵과 지정어 자리만이 국면외부로의 이동이 가능한 자리이다(Only the head and the Spec of a phase are accessible for movement to a position outside of the phase.).

질이 있는 것처럼 비해석적 자질은 모두 탐침으로 기능해야 한다는 주장을 한다. 달리 표현하자면 X에 있는 비해석적 자질을 점검하기 위해서는 X가 탐침의 기능을 하여 비해석적 자질을 점검할 수 있는 요소를 성분통어할 수 있는 위치까지 찾아가야 한다는 말이 된다. 이를 위 (7-8)의 구조와 연관시켜 말하자면 Y는 내부에 비해석적 자질을 지니고 있으므로 이 비해석적 자질을 점검해 줄 수 있는 점검자를 만날 때까지 끊임없이 이동하게 되는 동인을 지닌 것이라고 할 수 있다. 만일 이동이 일어나지 않으면 비해석적 자질을 지닌 Y가 문자화 영역 내에 그대로 남아 있게 되고 이는 도출을 파탄에 이르게 할 것이다.[23] 즉 최후수단의 원리에 의해 Y가 필연적으로 이동해야만 할 동인이 확보되게 되는 것이다. 아래에 Boščović(2007)의 최후수단의 원리를 참고로 제시한다.

(9) Boščović(2007)의 최후수단 원리
     X의 이동이 일어나지 않을 시 구조가 파탄에 이를 경우에만 X는 이동을 겪을 수 있다(X can undergo movement if without the movement, the structure will crash.).

이러한 분석은 일반화된 EPP 효과(Generalized EPP effects)도 또한 설명할 수 있다는 점에서 바람직한 면이 있다. 표적중심 이론에서는 순환주기 이동(cyclic movement)을 가능하게 하기 위해 자의적으로 모든 국면마다 EPP 자질을 부여하지만 목표중심이론에서는 그럴 필요가 없어지게 된다. 최소주의의 초기에는 일반화된 EPP 효과를 설명하는데 강자

---

23) 이는 비해석적 자질은 부적격한 PF 목적물이라고 보는 안에 토대를 둔 것이다.

질과 약자질의 구분을 사용했으나 강약 자질의 구분은 '자질의 자질'을 설정한다는 점에서 문제가 있었기 때문에 이후 Chomsky(2000a, 2001)에서는 '어떤 핵들은 반드시 지정어가 필요하다'는 표시로서의 EPP 자질을 직접 각 국면의 가장자리에 부여하게 된다. Boščović(2007)에서는 이동하는 요소의 비해석적 자질 uK를 탐침으로 봄으로써 이 각 국면 가장자리에 부여되던 EPP 자질이 하던 기능을 대신 담당하게 하는 것이다.

Chomsky와 Boščović(2007)의 이론에서 공통된 점은 X가 탐침을 하려면 비해석적 자질이 있어야 한다는 것이다. X에 비해석적 자질이 없으면 X는 탐침을 할 이유가 없고 이유가 없으면 최후수단 원리에 의해, 탐침을 할 수가 없다. 바로 이 이유 때문에 두 이론은 아래 (10)과 같은 경우에 대해 다른 예측을 하게 된다. Chomsky의 경우에는 위쪽에 있는 X가 탐침의 역할을 해야 하는데 비해석적 자질이 없으므로 탐침이 이루어지지 않고 Y는 비해석적 자질이 점검되지 않아 필연적으로 이 구조는 파탄에 이르게 된다.

(10) X   ...   Y
      iK uK

그러나 Boščović의 경우에는 Y의 비해석적 자질이 Y를 탐침으로 기능하게 하므로 Y의 이동이 가능하고 Y가 X를 성분통어하는 지점에 도착하면 uK가 점검되게 되어 적격한 구조가 된다. 즉 점검자의 역할을 하는 X에는 비해석적 자질이 없더라도 도출은 파탄 없이 적격하게 이루어질 수 있는 것이다. 따라서 (10)과 같은 구조를 지닌 경험적인 예가 존재한다면 이는 Bošković의 이론에 대한 증거가 될 수 있을 것이다.

　　Bošković는 이동하는 요소에 동인을 부여하는 경우 예상적용의 문제를 해결할 수 있다는 장점이 있을 뿐 아니라 또한 다중 의문사 전치 구문에서 발견되는 경험적인 문제도 해결할 수 있다고 주장한다. 아래에 제시된 예문들은 불가리아의 다중 의문사 구문의 예들이다.

(11) a. *Koj   vižda   kogo?
　　　　who   watches   whom

　　b. Koj   kogo   vižda?   (Bulgarian)

(11a)와 (11b)의 문법성 차이에서 알 수 있듯이, 불가리아어와 같은 언어에서는 복수의 의문사가 있을 시에 모든 의문사가 전치되어야 문장이 정문이 되는 특성을 보인다. 영어와 같이 다중의문사 구문에서 하나의 의문사만 전치되는 언어와 불가리아어와 같이 모든 의문사가 다 전치되어야 하는 언어를 통합적으로 설명하려면 표적중심 이론에서는 단일자질유인 핵과 전체자질유인 핵을 구분하여 설정하는 방법을 택할 수 있다. 전자의 경우는 어떤 목표자질을 지닌 요소를 하나만 유인하는 것이고 후자의 경우는 해당자질을 지닌 모든 요소를 다 유인하는 성질을 지니는 것이라고 설정하면 단일 의문사 전치구문인 영어와 다중 의문사 전치 구문인 불가리아어의 차이를 설명할 수 있게 된다. 이동요소중심 이론에서는 이와 달리 비해석적 자질을 하나의 요소에만 부여하거나 아니면 모든 해당 요소에 다 부여하는 방식을 채택하여 위 (11)과 영어의 차이를 설명할 수 있다.

　　그런데 이러한 두 가지 접근법은 영어와 불가리아어의 차이를 설명하는 데에는 모두 문제가 없지만 만일 다중 의문사 전치 구문을 허락하는 언어 중에 부분 다중 의문사 전치구문을 허락하는 언어가 있다면 두 접근법의 차이가 드러나게 된다. 즉, 셋 이상의 의문사가 나타났을 때 모든 의문사가 전치되는 것이 아니라 셋 중에 두 개만, 또는 넷 중에 둘 또는 세 개의 의문사만 전치되는 언어가 있다면 표적중심 이론에서는 이를 제대로 설명해 내기가 어렵게 된다. 그런데 실제로 헝가리어가 그러한 언어인 것으로 Surányi(2006)는 보고하고 있다.

(12) (Mondd el)mikor ki   tévesztett össze   kit   kivel.
      tell-imp prt when who-nom confused-3sg prt who-acc who-with
      '(Tell me) who confused who with whom when.'

(12)에서 전체 네 개의 의문사 중 두 개의 의문사가 전치를 겪고 나머지 두 개는 제자리에 남아 있는 것으로 보이는데 표적중심 이론에서는 왜 의문사들 중 일부만이 전치되고 나머지는 남아 있는가에 대해 설명을 하기가 어렵다. 이에 반해 이동요소에 비해석적 자질을 부여하는 경우에는 이동되는 두 개의 의문사에만 비해석적 자질을 부여하면 되므로 (12)를 설명하는데 아무런 문제가 없고 따라서 이 점에서 표적중심 이론보다 우월한 점이 있다고 Boščović는 주장한다.[24]

    이와 같은 맥락에서 이동중심 이론의 증거로 논의될 수 있는 것이

---

[24] 표적중심 이론에서 이를 해결할 수 있는 방법은 단일유인자질 핵과 전체유인자질 핵만 설정하는 것이 아니라 유인되는 요소의 특정 숫자만큼 핵이 이끌도록 Attract 2-F/Attract 3-F와 같은 자질을 지닌 핵을 설정하는 방법일 것이나 이는 이동중심이론에서 개별 요소들에 비해석적 자질을 설정하는 것보다 훨씬 더 자의적이어서 바람직하지 못한 방향으로 생각된다.

러시아에서의 부정일치 현상이다. Fitzgibbons(2010)는 러시아에서 모든 부정일치 요소들(negative concord items, NCIs)이 부정어 핵으로 이동해야 한다고 주장하는데 이것이 사실이라면 이 때 이 이동을 유발시키는 동인이 무엇인가 생각해 보아야 한다. 표적중심 이론에서는 부정어가, 그리고 이동요소중심 이론에서는 이동하는 요소인 NCI들에 동인이 있으리라고 예측이 되는데 Fitzgibbons는 부정어는 부정일치 요소들이 없는 경우에도 나타날 수 있으므로 이것이 이동의 동인일 수는 없다고 주장하고 있으며 Boščović도 이를 받아들여 부정일치 요소에 이동의 동인이 있다고 보고 따라서 이 현상이 이동요소 중심 이론을 지지하는 증거라고 주장한다.25)

3.2.2. 동결효과(Freezing effects)와 최후수단 원리

의문사가 연속순환이동(successive cyclic movement)을 할 경우, Chomsky의 체계에서는 이동의 선행조건이 일치이기 때문에 필연적으로 각 국면의 이동마다 일치가 일어난다고 보아야 한다.

(13) a. what do you think [CP [C that [TP John bought t]]]
     b. [CP what [C' that [TP John bought t]]]

---

25) 동일한 현상이 한국어의 부정극어 구문에서도 발견되는데 한국어에서 부정극어가 중첩되어 나올 때에 이들이 부정어 근처로 모두 이동하여 인가를 받아야 한다고 보고된 바가 있다. 이것이 사실이라면 한국어의 부정극어 구문에서도 우리는 표적중심 이론이 아니라 이동요소 중심 이론을 택해야 할 증거를 찾을 수 있을 것이다.

즉, 위에서 *what*은 *that*과 일단 일치를 겪은 다음 *that*이 자닌 EPP 자질을 충족시키기 위해 이동을 하게 되는 것이다. 이러한 Chomsky식 접근법을 지지해 주는 증거로는 이동하는 의문사가 그 중간기착지점마다 일치를 보이고 그 결과가 가시적으로 나타나는 경우일 것이다. 이러한 현상을 보이는 구문으로 볼 수 있는 것들이 여러 언어에서 보고된 바 있지만 대부분 부분적 일치만을 보이는 경우가 많고 실제로 가장 유력한 대상으로 볼 수 있는 것은 Kinande어에서 관찰되는 현상이다.

관련된 예를 직접 보기에 앞서 먼저 주목해야 할 것은 Kinande에서는 이동하는 의문사가 무엇인가에 따라 그에 대응하는 보문소가 달라진다는 점이다. 아래의 예문에서 영어의 who에 해당하는 의문사 *IyondI*는 보문소 *yo*와 결합하고 *ABahI*는 보문소 *Bo*와 결합하는 것을 볼 수 있다.

(14) a. IyondI yo/ ABahI Bo Kambale alangIra
         who1   that1 who2 that2 Kambale saw
         'Who did Kambale see?'

     b. EkIhI kyo/ EBIhI Byo Kambale alangIra
         what7 that7 what8 that8 Kambale saw
         'Who did Kambale see?' (Rizzi 1990b)

이제 이 사실을 염두에 두고, 표적중심 이론의 강력한 증거로 인식될 수 있는 예를 살펴보자. Kinande어에서 장거리 의문사 이동이나 초점구 이동이 일어날 경우에는 이동경로에 있는 모든 절에서 위 (14)에서 본 것과 같은 의문사와 보문소 간의 조응 현상이 관찰된다.

(15) [**ekihi kyo** Kambale a.si [nga.**kyo** Yosefu a.kalengekanaya
what wh-agr   agr.know C.wh-agr   agr.thinks
[nga.**kyo**   Mary'   a.kahuka _____]
C.wh-agr   agr.cooks
'What did Kambale know that Joseph thinks tha Mary is cooking?'

이것을 우리는 이동의 경로에서 이동요소인 의문사가 탐침인 보문소와 일치를 보인 결과 나타나는 형태적 변화라고 생각할 수 있고 따라서 이를 Chomsky식 접근법의 지지 증거로 이해할 수 있을 것이다.

    Chomsky가 각 국면에서의 이동마다 일치가 일어난다고 가정하는 것과 달리 Boŝcović(2007)에서는 중간 기착지점에서는 일치가 발생하지 않아야 한다. 따라서 위 Kinande어에서 관찰되는 일치 현상은 잠재적으로 Boŝcović의 이론에 강력한 반대증거가 될 수 있다. 일단 Kinande어의 일치현상은 잠시 접어두고, Boŝcović가 중간기착지점에 일치가 일어난다는 표적중심 이론에 문제를 야기하는 증거로 제시하는 현상을 살펴보도록 하자. 그가 먼저 고려하는 것은 영어의 삭제와 관련된 현상이다. Lobeck(1990)과 Saito와 Murasugi(1990) 등은 지정어-핵 일치가 일어나는 경우에만 그 일치에 관여하는 핵이 보충어의 생략을 허락하며 일치에 참여하지 않는 핵은 생략을 허락하지 못한다는 것을 보인다.

(16) a. John left and [$_{IP}$ Peter$_i$ [$_{I'}$ did t$_i$]] too
     b. John's talk was interesting but [$_{DP}$ Bill's [$_{D'}$ ~~talk~~] was boring

c. *A single student came because [DP [D′ the student]] thought it was important.

d. John met someone but I don't know [CP whoᵢ [C′ C]]

e. *John believes that Peter met someone but I don't think [CP [C′ that Peter met someone]]

(16a,b,d)의 경우에는 각각 시제가 표시된 Infl, ′s, 그리고 [+wh]-C가 일치를 겪기 때문에 그 보충어의 삭제를 인가하는 반면에 (16c)와 (16e)에서는 the와 that이 일치에 관여하지 않기 때문에 삭제가 허락되지 않는 것을 알 수 있다. 이와 더불어 주목할 것은 아래에서 보듯, 중간단계의 C는 삭제를 인가해 주지 않는다는 것이다.

(17) *John met someone but I don't know whoᵢ Peter said [CP tᵢ [C′ that John met tᵢ]]

이는 당연한 결과로서 매입절의 CP Spec을 통과한다고 하더라도 이곳에서는 지정어-핵 일치가 일어나지 않으므로 생략을 허락하지 않는다고 결론지을 수 있다. 따라서 이러한 현상들은 that이 핵인 경우에는 지정어-핵 일치가 일어나지 않는다는 것을 보이는 설득력 있는 증거라고 할 수 있다.

그렇다면 앞서 표적 중심의 이동이론을 지지하는 증거로 제시된 Kinande어에서의 일치현상은 어떻게 설명할 것인가가 문제로 대두된다. 앞 (15)의 예를 다시 보도록 하자.

(15) [**ekihi kyo** Kambale a.si [nga.**kyo** Yosefu a.kalengekanaya
what wh-agr   agr.know C.wh-agr   agr.thinks
[nga.**kyo**   Mary'   a.kahuka _____]
C.wh-agr   agr.cooks
'What did Kambale know that Joseph thinks tha Mary is
cooking?'

비록 처음 보기에는 이 구문에서 의문사가 장거리 이동을 겪는 것처럼
보이지만 Boeckx(2004)에 따르면 Kinande어에서는 진정한 의미에서의
장거리 의문 이동은 존재하지 않고 이것들이 각각 한 절 내에서 이루어
지는 국소적 의문 운용자 이동의 결합일 뿐이라고 주장한다. 즉, 이 언
어에서의 의문 이동은 (18a)가 아니라 (18b)의 구조를 지닌다는 것이다.
따라서 그는 Kinande어에는 장거리 의문 이동이 존재하지 않는다고 주
장한다.

(18) a. [$_{CP}$ Op$_i$ ... [$_{CP}$ t$_i$ ... [$_{CP}$ t$_i$
     b. [$_{CP}$ Op t$_i$ [$_{CP}$ Op$_i$ t$_i$ [$_{CP}$ Op$_i$ t$_i$

Schneider-Zioga(2005)는 Kinande어에는 장거리 의문 이동이 없다
는 Boeckx의 주장을 뒷받침하는 보다 강력한 증거를 제시하는데 그 증
거는 다음의 예문들과 관련되어 있다.

(19) a. ekitabu kiwe$_{j/k}$ ky obuli mukolo$_j$ a kasoma ___ kangikangi
     book   his wh-agr each student agr.reads   regularly
     '(It is) his$_j$ book that [every student$_{j/k}$] reads regularly.'

b. ekitabu kiwe~k/*j~ kyo ngalengekanaya [~CP~ nga.kyo
   book his wh-agr I.think C.wh-agr
   [obuli mukolo]~j~ akasoma ___ kangikangi.
   every student read regularly
   '(It is) his~k/*j~ book that I think [every student]~j~ reads
   regularly.'

c. ekitabu kiwe~k/*j~ kyo [obuli mukolo]~j~ alengekanaya
   book his wh-agr every student agr.think
   [~CP~ nga.kyo nganasoma ___ kangikangi]
      C.wh-agr I.read regularly
   '(It is) his~k/*j~ book that [every student]~j~ thinks I read
   regularly

(19a)를 통해서 국지적 비논항 이동에서는 *his*와 *every*가 동지표되는 것
으로 보아 재구성(reconstruction)을 통한 해석이 가능함을 알 수 있지만
(19b,c)에서 his와 every가 동지표되는 것이 불가능하기 때문에 장거리
비논항 이동에서는 재구성이 불가능하다는 것을 논리적으로 추론할 수
있다. 즉, 재구성이 가능하기 위해서는 이동이 선행되어야 한다는 것을
고려하면, (19a)에서는 의문사가 의미역을 받는 위치에서 국소적 비논항
이동을 겪었기 때문에 그 위치에서의 해석이 가능한 반면에 (19b,c)에서
는 내포절의 의미역 위치로부터 문두로의 장거리 이동이 발생하지 않았
기 때문에 내포절 내에서 해석되어 *every*에 의해 결속되는 것이 불가능
하다는 결론에 도달한다.

또 다른 증거를 위해 Schneider-Zioga의 다음 예문들을 살펴보도록
하자.

(20) *omukali ndi yo wasiga [_island_ embere _____ wabuga]
woman who wh-agr you.left before spoke
'Which woman did you leave before (she) spoke?'

(21) omukali ndi yo wasiga [_island_ embere Kambale anasi
woman who wh-agr you.left before knew
[_CP_ ko.yo _____ wabuga]
C.wh-agr spoke
'Which woman did you leave before Kambale knew that (she) spoke?'

(20)이 비문법적인 것으로 보아 이는 부가절에서 절 경계를 넘어가는 이동이 일어나고 이것이 섬제약을 어겨서 (또는 최소연쇄고리조건을 어겨서)[26] 비문이 되었다고 생각할 수 있는데 (21)의 경우에는 동일한 이동처럼 보이나 문장은 정문이라 설명이 필요해진다. Schneider-Zioga는 (21)의 경우에는 (20)과 다른 점이 의미역 위치가 일치를 겪는 보문절내에 포함되어 있어서 이때는 실제로 장거리 이동이 일어난 것이 아니라 국지적인 의문운용자의 이동만 보문절 내에서 발생하고 문두에 나타난 의문사는 이 운용자와 결속 등의 다른 방식을 통해 해석된다고 주장한다. 따라서 이러한 증거를 통해 Kinande에는 진정한 의미의 장거리 의문 이동이 없다는 결론에 도달하게 된다.

(20)만 보면 이 문장이 비문법적인 것으로 보아 부가절에서 바깥으

---

26) 최소연쇄고리조건: 짧은 연쇄고리를 지닌 도출이 그렇지 않은 도출보다 더 우선시된다(Derivations with shorter links are preferred over derivations with longer links.).

로 이동이 일어났기 때문에 소위 부가절 조건(Adjunct Condition)을 어기는 경우라고 생각할 수 있을 것이다. 그런데 (21)을 살펴보면, 동일한 이동이 일어난 것처럼 보이는데도 문장은 정문이어서 이 두 문장의 차이에 대해 보다 자세히 살펴볼 필요가 있다. 여기서 주목할 것은, (21)에서는 (20)과 달리 부가절의 보문절에 단거리의문이동이 발생하고 그 결과가 *ko.yo*라는 일치형에 반영되어 있다는 것이다. 이를 토대로 Schneider-Zioga는 (21)의 경우에는 (20)과 달리 장거리 이동이 일어난 것이 아니라 국소적인 의문운용자의 이동만 보문절 내에서 발생하고 문두에 나타난 의문사는 이 운용자와 결속 등의 다른 방식을 통해 해석된다고 주장한다. 따라서 (20)과 같은 어순이 되기 위해서는 실제로 부가어 바깥으로 의문사가 이동해 나갈 수밖에 없고 이것이 부가절 조건을 어겨 문장이 비문이 되지만 (21)에서는 부가절 바깥의 의문사가 그 자리에서 기저생성된 것이고 섬제약을 어길만한 이동은 일어난 적이 없으므로 문장이 정문이 되는 것이다. 이러한 증거를 통해 우리는 Kinande어에는 진정한 의미의 장거리 의문 이동이 없다는 결론을 도출해 낼 수 있다.

따라서 이동의 마지막 단계가 아닌 각 중간기착지에서 일치현상이 일어나는 것처럼 보이게 만든 형태들은 실제로는 중간단계에서의 일치의 결과가 아니라 국소적 의문 이동의 결과로 나타난 산물(Boecks)이거나 아니면 그 자리에서 기저생성된 의문표현인 것으로 분석되어진다. 즉 이 소위 중간단계의 C라고 여겨졌던 것들은 실제로는 중간단계의 C가 아니라 마지막 기착지점의 C인 것이고 일단 일치가 일어나면 더 이상의 이동이 불가능하고 그 자리에 동결되는 것으로 해석할 수 있다.

영어와 Kinande어(및 그 밖의 다른 언어)에서의 이동과 일치 현상을 분석하는 가장 적절한 방법은 바로 비해석적 자질이 관련된 의문 의 동에서 그 비해석적 자질의 점검은 단 한번만 이루어질 수 있다고 보는 것이다. 이렇게 본다면 일단 점검을 통해 일치가 이루어지면 그 의문사 는 그 자리에 동결되어 더 이상 움직이지 못 하게 될 것이다.

Chomsky는 연속순환이동에서 마지막 단계의 이동만이 자질 점검 을 유발하고 그 이전의 모든 중간단계에서는 자질점검이 이루어지지 못 하게 해야 하기 때문에 불완전 핵(defective head)이라는 개념을 도입한 다. 의문사의 이동을 예로 들어보자.

(22) I wonder [$_{CP}$ what$_i$ C   Mary bought   t$_i$]

                      iF uF

                      uK   EPP

(23) What$_i$ do you think [$_{CP}$ t$_i$ that Mary bought   t$_i$]

       You think [$_{CP}$ what$_i$ that Mary bought   t$_i$]

                       iF uF

                       uK   EPP

Chomsky에서 있어 (22)와 (23)은 모두 자질점검과 관련되어 있다. (22) 의 경우, *what*이 C의 비해석적 F 자질을 점검하고 동시에 자신의 비해 석적 K 자질도 점검을 받게 되므로 더 이상의 이동을 겪지 못하고 그 자리에 동결되게 된다. 그러나 (23)의 *that*은 불완전 핵이기 때문에 *what*의 비해석적 자질을 점검해 줄 수 없고 따라서 *what*은 그 자리에서 동결되지 않고 차후에 이동을 더 겪게 된다.

Chomsky의 경우에는 중간단계의 핵인 매입절의 C가 자질을 점검하고 나면 더 이상 이동이 일어날 수 없기 때문에 중간 기착점의 C를 불완전 핵으로 규정하는 일이 어쩔 수 없는 선택으로 보이지만, 이동의 동인이 이동하는 요소에 있다고 볼 때에는 이러한 불필요한 가정을 할 이유가 없다. 유일하게 필요한 가정은 모든 자질점검은 이동하는 요소를 비활성화시킨다는 자연스러운 가정이다. 보다 정확히 말하면 자질점검을 통해 이동의 동인이었던 uK가 삭제됨으로써 더 이상 이동이 일어날 수 없게 된다는 것이다. 이러한 가정은 왜 자질점검이 일어나면 동결효과가 생기는지를 간명하게 설명해 주며 불완전 핵과 같은 불필요한 개념을 제거할 수 있도록 해 준다는 점에서 바람직하다.

이제 이러한 입장 하에서는 장거리 의문사 이동은 두 가지 중 한 가지 방식을 통해서만 가능해진다. 첫 번째 가능성은 장거리 의문사 이동이 독립적인 단거리 의문사 이동들로 재분석되는 것이고 두 번째 가능성은 의문사가 *that*의 지정어 자리를 지나칠 때에는 자질점검이 일어나지 않기 때문에 연속적인 이동이 가능하다고 보는 것이다. Kinande어의 경우는 첫 번째 방식, 그리고 영어는 두 번째 방식을 통해서 장거리 의문사 이동(처럼 보이는 현상)을 실현하는 것이다.

Boščović(2007)는 이러한 동결효과를 더 확대시켜, 의문사가 이동을 통해 자질점검을 하고 나면 다른 의문사 이동을 더 이상 겪을 필요가 없는 것이 아니라 다른 어떤 이동도 겪을 수 없게 된다고 주장한다. 이를 위해 그는 Lasnik과 Uriagereka(1988)에서 제시된 양화사 이동(quantifier movement)과 주제화 이동(topicalization)의 상호작용의 예를 든다.

(24) a. Someone thinks that Mary solved every problem.
(ambiguous)
b. Someone thinks that every problem, Mary solved.
(some ⟩ every)

일반적으로 양화사 이동은 자신이 속한 절을 벗어날 수 없다고 알려져 있기 때문에 하위절의 양화사가 상위절의 다른 양화사보다 좁은 작용역 (narrow scope)을 지니는 것이 보통이지만 (24a)와 같은 예에서 적지 않은 사람들이 *every*가 광 작용역(wide scope)을 지니는 해석을 얻을 수 있다고 한다. 그러나 (24b)에서와 같이 *every problem*이 일단 주제화 이동을 하고 나면 이 사람들에게도 더 이상 *every*의 광 작용역은 허락되지 않는다. Boščović는 이 이유가 바로 하나의 비논항 이동인 주제화 이동이 일단 일어나고 나면 이 비논항 이동을 겪은 구는 자질점검을 통해 동결되게 되고 따라서 더 이상의 이동, 즉 양화사 이동을 겪을 수 없게 되기 때문이라고 보는 것이다.

같은 취지에서 Grohmann(2003)도 아래 (25)와 같은 예를 토대로 의문사 이동을 일단 겪은 구는 주제화 이동을 겪을 수 없다는 주장을 한다.27)

(25) *Who, does Mary detest?

---

27) *To peter, what should Mary give* 같은 예문이 허락되므로 주제화 이동의 착점이 의문 이동의 착점보다 더 높은 곳에 있다고 Boščović는 본다.

콤마(comma)는 Who 뒤에 강한 휴지가 온다는 표시로서 의문사의 주제화 이동이 허락될 경우 강한 휴지를 동반하게 되는데, 이 문장에서는 휴지를 두어도 문장이 정문이 되지 않는다. 따라서 Grohmann은 의문사가 의문사 이동을 하고 나면 더 이상 주제화 이동을 겪을 수 없다고 결론을 내렸고 Boščović는 이것이 바로 하나의 비논항 이동이 일어나면 다른 비논항 이동을 겪을 수 없기 때문에 발생한 당연한 결과라고 주장한다.

이렇게 비논항 이동들이 복합적으로 결합하여 발생하는 것이 불가능하다는 증거들을 제시한 후 이를 이론적으로 포착하기 위해 Boščović(2008c)는 비논항 이동을 겪는 모든 구들은 Op 자질을 공유하고 있다고 주장하고 이 자질이 바로 비논항 이동을 위해 그 구를 활성화시키는 역할을 하는 자질이라고 제안하였다. 그에 따르면 주제구나 초점구, 의문사구는 각각 [$iTop/uOp$] [$iFoc/uOp$] [iWH/uOp]의 자질을 가지며 불완전 핵이 없다는 가정 하에서 일단 이 구들이 비논항이동을 통해 자질점검을 하고 나면 Op 자질이 삭제되고 그 결과 그 구는 더 이상 어떤 비논항이동도 겪을 수 없게 된다.

Boščović(2008a)는 여기에 그치지 않고 이 생각을 더 발전시켜 이러한 동결효과가 비논항 이동에만 한정된 것이 아니라 모든 이동에 다 일반화될 수 있다고 주장을 한다. 그의 주장을 더 명확히 논하기 위해서 논항이동과 비논항이동이 결합될 수 있는 4가지 가능성을 자세히 보도록 하자.

(26) a. 논항이동 → 비논항이동
　　 b. 논항이동 → 논항이동

c. 비논항이동 → 비논항이동

d. 비논항이동 → 논항이동

이 중 (26b/c/d)의 세 가지 가능성은 문헌에서 그 부적격성에 대해 반복적으로 논의가 되어 왔다. 그러나 (26a)는 그렇지 않아서 논항이동이 먼저 일어나고 그 뒤에 비논항이동이 일어나는 것은 일반적으로 적격한 이동으로 받아들여져 온 것이 사실이다. 다음의 예문들은 이를 잘 보여 준다.

(27) a. Who t was arrested t?

b. Who t is believed t to be a sure winner?

c. Who t is likely t to be believed t to be a sure winner?

그러나 Boščović는 일반적 믿음과는 달리 이러한 복합이동조차도 실제로는 허락되지 않을 가능성이 있다고 주장한다. 이것이 사실이라면 대단히 흥미로운 결과를 낳는데 이는 Boščović가 제안했듯이 이동의 종류에 상관없이 탐색과 자질점검은 한 번 밖에 이루어질 수 없음을 의미하기 때문이다.

(28) 단일 탐색의 원리

X는 단 한번만 탐색을 할 수 있다(X probes only once or X undergoes feature-checking as a probe only once).

이 주장을 뒷받침하기 위해 Boščović는 West Ulster English에서의 양화사 표류 현상을 제시한다.

(29) a. Who$_i$ was arrested all t$_i$ in Duke Street?

   b. *They$_i$ were arrested all t$_i$ last night. (McClosky 2000)

(29a)는 논항이동과 비논항이동의 2단계 이동으로 구성되어 있다고 일
반적으로 이해되어 왔는데 (29b)를 보면 IP Spec 자리로의 주어의 이동
이 허락되지 않기 때문에 McClosky는 *Who*가 IP Spec을 들르지 않고
직접 CP Spec으로 이동한다고 주장하였다. Bošcović는 바로 이 주장을
이용하여 이 구문이 '논항 이동도 일단 자질점검을 겪으면 이후 비논항
이동으로 연결될 수 없다'는 것을 보이는 증거라고 주장하는 것이다.

그렇다면 여기서 설명되어져야 하는 것은 전통적으로 두 가지 다른
이동을 통해 충족되었던 자질 점검 요구가 어떻게 CP Spec으로 직접
이동하는 경우에 만족되는가 하는 것이다. 이에 대해 Bošcović는 다음
과 같은 설명을 제시한다.[28] (*u*OP와 *u*Case 자질을 가진) 의문사 *Who*
가 비해석적 격자질을 점검하기 위해 IP Spec에 들르게 되면 격자질은
점검되지만 이 비해석적 격자질을 통한 탐색이 한 번 이루어져서 결국
자질점검까지 일어났기 때문에 더 이상의 탐색은 불가능하게 된다. 따
라서 *u*Op 자질은 C를 성분통어하는 자리에까지 올라가지 못해 점검이
불가능해지므로 결국 도출이 파탄에 이르게 된다. 그러나 의문사구가
직접 CP Spec 자리로 이동하는 경우에는 이 자리에서 *who*가 C와 I를
동시에 탐색하고 비해석적 자질을 동시에 점검할 수 있어 적격한 도출
이 되는 것이다.

단일 탐색 가설은 또한 *wager* 부류 동사의 특이한 행동을 설명하

---

[28] Bošcović의 이론에서는 EPP 자질을 인정하지 않고 이를 격에 의존해서 설
명한다.

는 데에도 도움이 된다. 다음의 잘 알려진 예문들을 보도록 하자.

(30) a. *John wagered Mary to be smart[29].

 b. Who did John wager to be smart?

(31) a. *John wagered Mary$_i$ [$_{IP}$ t$_i$ to be smart]

 b. *Who$_i$ did John wager t$_i$ [$_{IP}$ t$_i$ to be smart]

 c. Who$_i$ did John wager [$_{IP}$ t$_i$ to be smart]

(30a,b)의 문법성 차이에 대해서 논한 문헌들이 일부 있지만 Boščović (2011)의 분석은 이에 대해 보다 일관성 있는 측면이 있다. (30a)의 비문법성의 이유에 대해 Boščović는 논항 이동이 허락되지 않는 구조를 *wager*가 가지고 있기 때문이라고 주장하는데 (30b)가 허락되는 이유는 의문사 *who*가 이동을 할 때 (31b)와 같이 논항 이동을 거치는 것이 아니라 (31c)에서와 같이 직접 CP Spec으로 이동하여 그 곳에서 *u*Op와 *u*Case 자질을 점검하면 아무런 문제가 없다는 설명이 가능해진다.

 이처럼 어떤 이동이든지 이동의 결과 자질 점검이 이루어지면 그 이동을 겪은 구는 더 이상 어떤 이동도 할 수 없다는 것이 사실이라고 가정해 보자[30]. 이것이 시사하는 바는 동결효과가 단순히 *u*Case나 *u*Op

---

29) Boščović(1997)에서는 현시적 목적어 이동의 가정하에서 *wager*류 동사가 일반 예외적격표지 동사들과 달리 vP가 두 개가 있어 일반적인 논항 이동을 허락하지 않는다는 분석을 제시한다.

30) 손근원(2012)은 비논항이동끼리의 결합이 불가능하다는 점에서는 Boščović (2007, 2011)와 의견을 같이 하지만 비논항이동이 논항이동을 뒤따를 수 없다는 Boščović의 주장에 대해서는 반대증거를 제시하고 이동의 요인으로 하

자질의 설정만으로 설명될 수 있는 성질의 것이 아니라는 결론에 도달한다. 왜냐 하면 이제 우리는 논항이동과 비논항이동을 아우르는 어떤 공통된 자질이 이동의 동인이 된다고 생각해야 하고 uCase니 uOp 자질은 이러한 공통된 자질의 역할을 수행할 수가 없기 때문이다. 이 자질이 과연 어떤 자질이고 이것을 무엇이라고 부를 것인가는 더 연구해 보아야 할 일인데 이 자질을 X라고 편의상 부르기로 하자. 그렇다면 X를 내포하는 A는 내적 동기로 인해 각 국면의 가장자리로 이동을 할 것이고 탐침이 성공적으로 일어나면 X가 삭제되고 A는 더 이상의 이동을 겪지 못하고 그 자리에서 동결될 것이다. 만일 이동한 국면의 가장자리에서 목표를 성분통어할 수가 없어서 탐침이 이루어지지 않는다면 A는 또 다

나의 자질이 아닌 적어도 uCase와 uOp의 두 개의 자질이 필요하다는 주장을 제시한다. 이 주장의 주요한 근거로 제시되는 것은 아래와 같은 성질의 문장이다.

(i) a. Who do you think was believed to be a genius?

    b. Who do you think [t_i' T was believed [t_i to be a genius]?

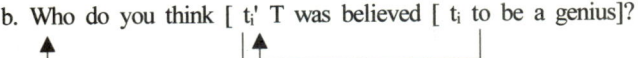

(ia)의 문장에서 격자질의 점검이 일어나는 지점은 매입절이고 의문자질의 점검이 일어나는 지점은 주절이기 때문에 국면단위 도출을 가정하는 최소주의 이론 하에서 당연히 이 두 자질의 점검은 다른 국면에서 일어날 수밖에 없다. 그렇다면 본문에서의 예들과는 달리 우리는 어느 한 지점에서 동시에 두 자질이 점검되는 방식으로 이 문장에서의 자질점검을 설명할 수 없게 되므로 비논항이동과 논항이동을 하나의 자질로 묶고 단일탐침 가설로 이를 설명하려는 Bošcović식 가설에 문제가 생기게 된다. 자세한 논의는 손근원(2012)를 참고할 것.

시 그 위의 국면으로 이동하여 탐침을 시도해야 한다. 결국 X는 이 체계에서 연속순환이동을 추진하는 힘이 된다.

　　이 설명을 좀 더 구체화하기 위해 이를 앞서 주 3에서 언급한 특성과 연계시키면, 이 문제의 자질 X를 PF에서 해석될 수 없는 자질이라고 볼 수 있다. 이 경우, X를 지닌 요소를 문자화시키게 되면 PF에서 파탄이 일어나게 될 것이다. 문자화를 위해 PF로 가는 것이 국면핵의 보충어라고 보면 아래 구조에서 A는 파탄을 피하기 위해 반드시 α의 Spec으로 이동해 나가야 한다.

(32)　W　$[_{\alpha P}$　α　A
　　　　　　　　K　uK
　　　　　　　　　　X

W가 멀리 위치해 있는 경우에는 연속순환이동이 일어날 것이고 A가 아래 (33)과 같이 W의 Spec에 도달하게 되면 W와 성공적으로 일치를 할 수 있게 되고 uK와 X를 삭제할 수 있게 된다.

(33)　A_i　W　$[_{\alpha P}$　α　t_i
　　　uK̶　K
　　　X̶

결국 이러한 가정을 통해 우리는 (28)의 단일 탐침의 원리를 도출해 낼 수 있게 된다.

3.2.3. 최후수단과 일치

Chomsky(2001)에서는 해석적 자질과 비해석적 자질의 구분만이 아니라 값이 정해진 경우와 그렇지 않은 경우(valued-unvalued)로 자질을 구분한다. 즉, 어떤 자질들은 처음부터 어휘적으로 값이 완전히 정해져서 나타나지만 다른 자질들은 도출의 과정에서 값이 정해진다는 것이 이 구분의 기본적인 요점이다. Chomsky는 해석적 자질들은 값이 정해져서 나타나지만 비해석적 자질들은 항상 값이 미정인 상태로 나타난다는 가정을 채택한다. 값이 정해지지 않은 자질들은 값이 정해진 자질에 의존해서 값이 결정되므로 결국 비해석적 자질들 사이에서는 자질점검이 일어날 수 없게 되는 결과를 낳는다. 문제는 해석적 자질이 항상 값이 정해져 있다는 사실 때문에 Chomsky의 체계에서는 그것만 가지고는 탐침의 역할을 제대로 할 수가 없다는 것이다. 즉 그의 체계에서는 다음의 두 구조에서는 자질 점검이 일어나지 않는다.

(33) a. X   Y   b. X   Y

     uK uK iK uK

어쩔 수 없이 Chomsky는 uK가 값을 얻게 하기 위해 별도의 자질 F를 X와 Y에 설정하여 자질점검을 겪도록 하고 uK는 일종의 부수적 작용으로서 값을 얻게 하는 방식을 택하게 된다.

(34) X   Y

     uF iF

          uK

Boščović(2009a, 2011)와 Pesetsky와 Torrego(2007)는 각각 Chomsky의 자질분류 방식에 대한 대안을 제시한다. Chomsky의 경우, 모든 해석적 자질은 값이 매겨져 있고 비해석적 자질은 값이 매겨져 있지 않다는 가정을 하지만 Pesetsky와 Torrego(2007)는 비해석적 자질과 해석적 자질 모두 값이 매겨진 것과 그렇지 않은 두 종류로 나눌 수 있다는 주장을 하고 있다. Boščović(2009a, 2011)도 이 주장을 받아들이면서 값이 매겨져 있는 비해석적 자질이 존재한다는 증거를 Serbo Croatian에서 찾아 보여주고 있다. 그런데 이와 같은 값이 정해진 비해석적 자질이 존재하는 것이 사실이라면 이는 자질점검 과정을 보다 단순화시키는 효과가 있다.

Chomsky의 체계에서는, 위 (33a)에서 자질점검이 허락되지 않는 이유는 두 개의 비해석적 자질이 서로를 점검해 줄 수 없기 때문이고 (33b)에서 자질점검이 일어나지 않는 이유는 X에 비해석적 자질이 없기 때문에 탐침의 역할을 할 수가 없어서이다. 따라서 Chomsky에게 있어 (34)는 어쩔 수 없는 선택이었다. 그러나 값이 정해진 비해석적 자질이 허락되는 경우, (33a)도 둘 중 하나의 비해석적 자질의 값이 정해져 있다면 이제 가능한 점검구조가 된다. 문제는 과연 이러한 구조가 존재하는가이다.

이 구조의 존재는 잠시 접어두고 이제 무엇이 일치를 일어나게 하는가의 문제를 논의해 보자. 의미부에서 비해석적 자질이 허락할 수 없기 때문에 이 자질이 의미부에 입력되기 전에 제거되어야 한다는 것은 일반적으로 받아들여지는 가정이고 이때 이 비해석적 자질의 제거는 자질점검을 통해서 이루어진다. 그런데 한 가지 의문점은 왜 이러한 비해석적 자질이 그냥 자질점검 없이 삭제될 수는 없는가 하는 것이다.

Boščović(2009a)는 실제로 그러한 자질의 삭제가 가능하다는 것을 보여주는데 다만 이러한 자질 삭제가 점검 없이 이루어지려면 자질의 값이 정해져 있어야 한다고 한다. 다시 말하면 정가(定價, valuation)가 비해석적 자질의 삭제의 선결요건인데 이는 값이 정해져 있다면 그것은 더 이상 자질점검을 겪을 필요가 없어지기 때문이다. 이를 최후수단 원리와 연결지으면 값이 정해진 비해석적 자질은 탐침을 할 수가 없다는 뜻이며 값이 정해지지 않은 비해석적 자질만이 도출의 파탄을 막기 위해 자질점검을 겪게 된다는 것이다.

그렇다면 값이 정해지지 않은 해석적 자질은 의미부에서 어떻게 다루어질 것인가? Pesetsky와 Torrego가 주장하듯이 이러한 자질이 존재한다면 이 자질 또한 의미부에서 해석이 되지 않을 가능성이 있다. 즉 의미부에서는 값이 정해진 해석적 자질만 다룰 수 있다는 것이다. 이것이 사실이라면 값이 정해지지 않은 해석적 자질도 또한 탐침으로 기능해야 마땅하다. 이렇게 보면 일치를 일으키는 동인은 정가(定價, valuation)이다. 즉 값이 정해지지 않은 자질(해석적이든 비해석적이든)만이 탐침의 역할을 할 수 있는 것이다. 아래 (35)에서 X가 탐침이고 Y가 목표라고 가정할 때 이들의 해석성과 값이 어떤 환경일 때 적격한 일치관계가 성립되는지를 우리는 알 수 있다.

(35) a. X [*unval/u*K] ... Y[*val/u*K]

b. X [*unval/i*K] ... Y[*val/i*K]

c. *X [*val/u*K] ... Y[*val/u*K]

d. *X [*val/i*K] ... Y[*val/i*K]

e. *X [*unval/u*K] ... Y[*unval/u*K]

f. *X [*unval/i*K] ... Y[*unval/i*K]

g. *X [*val/u*K] ... Y[*unval/u*K]

h. *X [*val/i*K] ... Y[*unval/i*K]

(35c,d)에서 일치가 일어나지 못하는 것은 X가 탐침으로 기능할 이유가 없고 따라서 최후수단원리가 탐침을 허락하지 않기 때문이다. (35g,h)의 경우에는 Chomsky의 체계에서 (35c,d)와 같이 취급되는데 이는 두 비해석적 자질은 서로를 점검해줄 수 없고(=35g), 또 해석적 자질은 자질 점검을 받지 않기 때문에 탐침으로 기능하지 못하기 때문이다(=35h). 마지막으로 (35e,f)의 경우에는 값이 정해지지 않은 X와 Y의 자질들이 정가될 수 없어서 문제가 된다.

이제 이 새로운 체계가 지닌 특징들을 (이전 Chomsky의 체계와의 차이점을 부각시키며) 정리해 보면 다음과 같다.

(36) a. 해석성 여부가 아니라 정가 여부가 탐침을 결정한다.

b. 해석적 자질도 값이 정해지지 않으면 탐침으로 기능한다.

c. 두 비해석적 자질이 있는 경우에도 탐침이 정가되지 않고 목표가 값이 있는 경우에는 자질점검을 겪을 수 있다.

d. 비해석적 자질이라도 정가되어 있으면 그 상태에서 삭제가 가능하여 일치를 유발하지 않는다.

(36d)가 실제로 경험적으로 사실이라는 것을 보여주는 증거를 다음의 Serbo Croatian의 예에서 찾을 수 있다고 Bošković는 주장한다.

(37) Uništena   su sva sela   i   sve varošice.
destroyed.neut are all villages.neut and all   towns.fem
'All villages and all towns were destroyed.'

위에서 분사 *Uništena*는 문법적 성에서 첫 번째 등위구인 *sela*와 일치를
보이며 두 번째 등위구인 *varošice*는 이 문법적 성 자질 점검에 관여하
지 않는다. 주목할 것은 이 두 번째 등위구의 문법적 성이 Serbo
Croatian의 무표적 성(default gender)인 남성을 띠지 않고 여성을 띠었
다는 점이다. 이것이 의미하는 바는 이 두 번째 등위구의 문법적 성이
점검을 거치지 않는다는 것이다. 그럼 어떻게 비해석적 자질인 명사의
문법적 성 자질이 점검을 거치지 않고 의미부로 들어갈 수 있는 것인가?
이는 바로 이 문법적 성 자질의 값이 이미 주어져 있어 의미부에 들어가
기 전에 점검 없이도 스스로 삭제될 수 있기 때문이고 따라서 값이 정해
진 비해석적 자질의 존재를 증명해주는 것이라 볼 수 있을 것이다.

정가에 기초한 현재의 자질점검 체계의 또 다른 장점은 격 점검 설
명이 단순화될 수 있다는 것이다. Chomsky에 있어 격 점검은 사실 문
제를 내포하고 있다. 격이 전통적 격부여자인 T에서나 격 수혜자인 명
사구에 있어서나 다 비해석적이라는 것은 분명하다. 그런데 Chomsky는
두 비해석적 자질간의 일치를 금하므로 T와 명사구 사이에 직접적인 격
점검이 일어나도록 할 수 없다. 따라서 (38)에서 보여지 듯, 격이 부수적
으로 점검될 수 있도록 *phi*-자질을 설정하여 이들이 일치를 겪도록 하고
격은 부수적으로 점검되도록 하는 편법을 택한다.

(38) T   NP
      *u*Phi   *i*Phi
               *u*Case

T의 *phi*-자질은 명사구의 *phi*-자질을 탐침하고 이들 간에 일치를 통한 자질 점검이 일어날 때 '어떤 방식으로든' 명사구의 비해석적 격자질이 점검된다는 것인데 이 '어떤 방식으로든'이라는 부분에 대해 사실 명확한 근거를 찾아보기가 어렵다.

　　그러나 새 체제에서는 아래에서 보는 바와 같이 두 비해석적 자질 간에 직접적 자질 점검이 가능하므로 훨씬 더 자연스럽게 격 점검을 설명할 수 있다.

(39) T   NP
      *val/u*Case   *unval/u*Case

정형 T(finite T)는 항상 주격을 부여하고 명사구의 격은 항상 구조적 환경에 의해 결정되므로 T의 격은 정가되어 있고 명사의 격은 그렇지 않다고 보는 것이 가능하다. 이러한 토대 위에서 (39)에서는 아무 문제 없이 격 점검이 진행될 것이고 따라서 부수적 격 점검 같은 불필요한 개념들을 도입할 필요가 없어진다. 그런데 지금까지 논의한 정가를 이용한 자질점검을 채택한다고 하더라도 Chomsky의 표적 중심 이론에서는 격점검을 간명하게 설명하기가 어렵다. 이는 최후수단 원리 때문에 T가 탐침의 역할을 할 수가 없기 때문이다. 반면에 이동요소 중심 이론에서는 아래쪽 명사구가 정가되지 않은 자질을 가지고 있으므로 명사구가 T

를 성분통어하는 위치에 가서 탐침을 하여 자질을 점검할 수 있다. 따라서 이는 또 다시 이동요소 중심 이론의 우월성을 보여주는 것이라 할 수 있다.

3.3. 어휘삽입/순수병합과 최후수단

Chomsky(1995C)에서는 순수 병합을 포함하는 어떠한 어휘삽입도 최후수단의 원리를 지키지 않는다고 보았는데 그 이유는 어휘삽입에 경제성의 개념이 도입되면 아무 것도 소개하지 않는 것이 가장 경제적이어서 어휘삽입 자체가 불가능해질 것이라는 가정 때문이었다. 그러나 Chomsky(2000a)에서는 이 입장이 바뀌게 되는데 순수병합도 최후수단의 원리를 지키며 선택제약과 같은 요구에 의해 일어나게 된다고 본다. 이렇게 보면 모든 어휘삽입이나 순수병합이 선택의 관점에서 이루어져야 하는데 이는 선택과 관련된 이론이 더 풍부해져야 함을 뜻하므로 바람직하지 않다고 볼 수도 있다. Boščović(1997, 2011)는 기능요소들의 순수병합만이 최후수단원리를 준수한다는 중립적인 입장을 취하는데 이는 곧 기능요소들은 적격한 구조를 구축하는데 꼭 필요한 경우에만 구조에 삽입되는데 반해 어휘요소들은 그러한 제약 없이 구조에 삽입될 수 있다는 뜻이다. 그는 이를 여러 언어에서 뒤섞기 운용의 존재 여부와 연계하여 증거를 찾고자 시도한다. 그러나 과연 어휘삽입이나 순수병합이 최후수단 원리를 지켜야 하는지 아닌지, 그리고 기능요소와 어휘요소 중 일부만 최후수단 원리를 지킨다는 것이 어느 정도의 합리적 근거를 지니고 있는지는 차후에 더 논의가 필요한 것으로 보인다.

3.4. 불필요한 구조의 금지: 표상(representation)의 경제성과 최후수단

많은 학자들이 표상에서 불필요한 상징을 제거하기 위하여 여러 원리들을 제시해 왔는데 이를 정리해 보면 아래와 같다.

(40) a. 최소구조 원리(Minimal Structure Principle, MSP)
관련된 요소들의 어휘적 요구가 충족된다는 가정하에서, 두 표상이 동일한 어휘구조를 지니고 있고 동일한 기능을 수행한다면 더 간단한 구조를 지닌 표상이 선택되어야 한다(Law 1991, Boščović 1997).
b. 도출의 어떤 단계에서든 자연언어연쇄를 구조적으로 기술함에 있어 문법원리나 어휘선택이 요구하는 최소의 구조만을 사용하여야 한다(Safir 1993).
c. 어떤 요소든 출력에 영향을 미치는 것만 배번집합에 포함될 수 있다(Chomsky 1995c).

MSP는 통제부정사구문이나 that이 없는 정형 관계절과 평서문이 CP가 아니라 IP라고 일부 학자들이 주장하는 근거로 사용된다. 이에 따르면 이들 구문은 다음과 같은 구조를 지니게 될 것이다.

(41) a. John tried [$_{IP}$ PRO to leave]
b. the man [$_{IP}$ Op$_i$ [$_{IP}$ John left t$_i$]]
c. We think [$_{IP}$ John left]

Boščović는 이들 구문의 IP 성격을 보여주기 위해 몇 가지 증거들을 제시하는데 관계절과 관련하여 그가 제시하는 증거는 다음과 같다.

(42) a. *the book [IP Op [IP I was wondering whether I would get it in the mail]]

 b. the book [CP Op [C' that I was wondering whether I would get it in the mail]]   (Kayne 1984)

재서대명사(resumptive pronoun)는 부가구조에서는 허락되지 않는다는 Saito(1985)의 주장이 맞다면 위 (42a)와 (42b)의 문법성 차이는 (42a)가 부가구조를 지니기 때문이라는 설명이 가능하며 따라서 이는 관계대명사가 없는 정형관계절이 IP구조임을 보여주는 증거가 될 수 있을 것으로 보인다.

표상의 경제성과 관련하여 Chomsky의 (40c)를 자세히 보면 사실상 이 기술은 국지적 경제성이 아니라 비국지적 경제성의 성격을 띤 것임을 알 수 있다. 어떤 요소를 배번집합에 포함시킬 때 이것이 나중에 출력에 영향을 미칠 것인가 그렇지 않을 것인가를 결정하려면 예상적용을 할 수 밖에 없기 때문이다. 그런데 만일 출력에 영향을 미칠 것인지 아닐지 불확실한 요소들이 아예 배번집합에 존재하지 않는다면 이 문제는 저절로 사라지게 될 것이다. 즉 배번집합이 오로지 어휘요소로만 구성되어 있다고 보고 기능요소들은 차후에 어휘부에서 빼내와야 한다고 보면 이 어휘부에서 기능요소를 빼내는 일은 꼭 필요할 경우에만 일어나야 하게 되고 결국 이는 최후수단 원리의 적용을 받게 될 것이기 때문이다.

이렇게 본다면 표상의 경제성은 도출의 경제성으로 전환되어 설명되는 셈이다. 물론 이때 필요한 가정이 몇 가지 있는데 이 가정들은 자연스러운 가정들로 보인다. 우선, 어휘를 배번집합에 선정하는 것은 비용이 들지 않는다는 가정이 필요한데 이는 당연한 가정으로 보인다. 어휘의 선정이 비용이 든다면 이는 말을 안하는 것이 훨씬 더 경제적이어서 경제성과 최후수단 원리가 언어의 존재를 부정하는 셈이 될 것으로 보이기 때문이다. 또 다른 가정은 배번집합에 있는 어휘가 모두 사용되지 않으면 도출이 파탄에 이른다는 가정으로서 이 또한 자연스러운 가정으로 보인다. 이 가정을 토대로 하면 배번집합에서 어휘를 선정하여 구조에 삽입하는 것은 파탄을 막기 위해 반드시 이루어져야 할 꼭 필요한 단계로서 최후수단 원리를 준수하는 운용이 될 것이다. 이러한 자연스러운 가정과 어휘요소만이 배번집합을 이룬다는 가정이 더해지면 비국지적 경제성에 기초를 둔 MSP를 사용하지 않고도 불필요한 상징이나 요소를 국지적인 경제성에 토대를 둔 도출상의 최후수단 원리를 적용하여 제거할 수 있게 된다.

제3장 요약

　이 장은 연산체계의 운용을 규제하는 중요한 척도 중 하나인 최후
수단조건이 어떻게 문법에서 기능하는가를 중점적으로 논의하고 있다.
최후수단조건은 도출과 표상을 모두 규제하는데 우선 도출에 있어서는
필요 없는 운용은 일어나서는 안 된다는 것, 즉 운용의 모든 개별 단계
들이 꼭 필요한 경우에만 일어날 수 있도록 제어한다. 또한 표상에 있어
서는 모든 상징들이 꼭 필요할 때에만 나타날 수 있고 필요 없는 상징은
나타나서는 안 된다는 제약으로 기능한다.

　도출에 있어서 최후수단 원리가 어떻게 기능하는지를 보이기 위해
우선 최후수단과 이동의 관계를 면밀히 살펴보아야 하는데 이는 필연적
으로 이동의 동인이 무엇인가라는 질문과 연결되게 된다. 이동의 동인
에 대해서는 다음의 3가지 제안이 있어 왔다.

(i)　(a) 이동의 동인은 표적(target)에 있다

　　 (b) 이동의 동인은 이동하는 요소에 있다

　　 (c) 이동의 동인은 표적이나 이동하는 요소 중 어느 하나에 있다

1990년대 중반 이후 Chomsky는 지속적으로 이동의 동인이 표적에 있
다고 주장해 왔지만 Boščović는 Chomsky와 달리 이동의 동인을 이동
요소에 둠으로써 이전에 문제가 되던 여러 현상이 설명되고 이론적 불

필요성이 해소될 수 있다고 주장한다. 그가 주장하듯이, 이동요소에 있는 비해석성 자질이 탐침기능을 할 수 있다고 가정하면 표적중심 이론에서 부딪히게 되는 예상적용의 문제(Look-ahead problem)를 해결할 수 있고, 또한 동결효과(freezing effect)를 이론적으로 도출하는 것이 가능해지며 그 이외에도 다중의문사전치현상이나 다중부정극어현상을 설명할 수 있고, 순환적용에서 불완전 핵(defective head)이라는 불필요한 개념을 제거할 수 있게 되는 등 다양한 이점들이 있는 것이 사실이다.

그는 여기서 그치지 않고 이 이동요소 중심 이론을 확대시켜서 동결효과에 대한 흥미로운 접근법을 제시한다. 즉, 비해석적 자질의 점검을 위해 어떤 이동이 일단 이루어지고 나면 이 이동된 요소는 그 이후 어떤 다른 이동도 겪을 수 없다는 주장을 하는데 이 주장이 사실로 밝혀진다면 아주 흥미로운 결과를 낳게 된다. 그러나 이러한 Boščović의 주장은 쉽게 극복하기 어려운 경험적인 문제에 부딪히게 되는 것으로 보인다. 즉, 모든 비논항이동이 동일한 자질 Op의 점검을 위해서 일어난다고 보는 것은 이론적으로나 경험적으로 상당히 설득력이 있어 보이나 논항이동과 비논항이동을 모두 동일한 성질의 이동으로 간주하고 어느 이동이든 한 번만 일어나서 이동의 동인이 된 자질이 점검되고 나면 더 이상 다른 이동은 겪을 수 없다는 주장은 너무 강한 주장으로서 심각한 경험적인 문제에 봉착하게 되는 것으로 보인다.

최후수단의 관점에서 일치를 볼 경우, 일치는 우선 의미부에서 허락되지 않는 비해석적 자질이 의미부에 들어가서 도출을 파탄시키지 않도록 하기 위해 이를 제거할 목적으로 일어난다고 볼 수 있다. Boščović는 이 때 Chomsky와 달리 비해석적 자질은 값이 정해져 있지 않고 해석적 자질은 값이 정해져 있다는 이분법에서 탈피하여 두 종류의 자질 모두 값이 정해질 수도 그렇지 않은 채로 나타날 수도 있다는 가정을 한다. 이는 Chomsky에 있어 탐침이 비해석적 자질에만 허락되었던 것과 달리 해석성 여부와 관련 없이 정가(定價, valuation) 여부가 탐침을 결정하는 요인이 되도록 하는 길을 열어준다. 이러한 새로운 가정은 문법의 설명력을 경험적으로 확대시키고 이론을 정교하게 다듬어줄 수 있는 가능성을 제시한다는 점에서 그 의의가 있는 것으로 판단된다.

마지막으로 최후수단과 어휘삽입/순수병합의 관계를 고려할 경우 Bošković의 주장에 기대어 오직 기능요소의 순수병합만이 최후수단을 준수한다는 가설을 세울 시 어떠한 이론적 효과가 있는지에 대해 논의한다. 또한 표상의 경제성과 최후수단의 상관관계를 논함에 있어서도 기능요소의 순수병합만이 최후수단을 준수한다는 가설이 어떻게 국소적 경제성을 확보하고 궁극적으로 표상의 경제성을 도출의 경제성과 같은 맥락에서 설명할 수 있는지를 살펴본다.

| 참고문헌 |

김양순 (2008). 인상구문과 ECM 구문의 중간 CP 부재와 EPP 자질, 언어
연구 23.4.

손근원 (2012). 이동에서의 탐색: 단일탐색과 복수탐색, 언어연구 27.4.

홍성심 (2011). 최소주의 자질이론과 영어의 부정자질 NEG. 언어연구 27.3.

Adger, D. (2003). *Core syntax: A minimalist approach*. Oxford: Oxford
University Press.

_____ (2006). Combinatorial variability. *Journal of Linguistics* 42:
503-530.

_____ (2007). Variability and modularity: A response to Hudson.
Journal of Linguistics 43: 695-700.

_____ (2010). Variability and Grammatical architecture. *manuscript*.

_____ and P. Svenonius (2010). Features in Minimalist syntax. *The
Oxford Handbook of Linguistic Minimalism*. ed. C. Boeckx.

Baker, M. (1996). Thematic Roles and Syntactic Structure. ms. McGill
University.

Baltin, M. (1989). Heads and projections. In Baltin and Kroch (eds)
Alternative conceptions of phrase structure. Chicago University
Press 1-16.

Bhatt, R., and R. Pancheva (2004). Late merge of degree clauses.
Linguistic Inquiry 35: 1-45.

Boeckx, C. (2003). *Islands and chains: Resumption as stranding*.
Amsterdam: John Benjamins.

_____ (2004). Bare syntax (version 1). MS, Harvard University.

_____ (2008a). *Bare syntax*. Oxford: Oxford University Press.

_____ (2008b). Linguistic invariance and language variation: A minimalist perspective on parameters. Paper presented at the 9th Annual Tokyo Conference on Psycholinguistics, Keio University, Tokyo.

Borer. H. (2005). The normal course of events (*Structuring sense*, vol 2) Oxford University Press.

Bošković, Ž. (1997). Pseudoclefts. *Studia Linguistica* 51.3. pp. 235-277.

_____ (1999). On multiple feature-checking: Multiple wh-fronting and multiple head-movement. In S. Epstein and N. Hornstein (eds.), *Working minimalism*. Cambridge, MA: MIT Press, 159-87.

_____ (2001). *On the nature of the syntax-phonology interface: Cliticization and related phenomena*. Amsterdam: Elsevier Science.

_____ (2007). On the locality and motivation of Move and Agee: An even more minimal theory. *Linguistic Inquiry* 38: 589-644.

_____ (2008a). On Successive cyclic movement and the freezing effect of feature checking. In J. M. Hartmann, V. Hegedüs, and H. van Riemsdijk (eds.), *Sounds of silence: Empty elements in syntax and phonology*. Amsterdam: Elsevier North-Holland, 195-233.

_____ (2008b). What will you have, DP or NP? In E. Elfner and M. Walkow (eds.), *Proceedings of NELS* 37, vol. 1, 101-14.

_____ (2008c). On the operator freezing effect. *Natural Language and Linguistic Theory* 26: 249-87.

_____ (2009a). Unifying first and last conjunct agreement. *Natural Language and Linguistic Theory* 27: 455-96.

_____ (2009b). Review of *Wh-movement: Moving on*, ed. L. L.-S. Cheng and N. Corver. *Language* 85: 463-8.

Bošković (2011). Last Resort with Move and Agree in derivations in C. Boeckx (ed.), *The Oxford handbook of linguistic minimalism*, pp. 327-353.

Bowers, J. (1993). The syntax of predication. *Linguistic Inquiry* 24: 591-656.

Brody, M. (2000a). Mirror theory: Syntactic representation in perfect syntax. *Linguistic Inquiry* 31: 29-56.

_____ (2000b). Word order, restructuring, and mirror theory. In Sevenonius (eds) *The derivatin of VO and OV*. John Benjamins: 27-43.

Bruening, B. (2001). Syntax at the edge: Cross-clausal phenomena and the syntax of Passamaquoddy. Ph.D. thesis, MIT.

Chomsky, N. (1957). *Syntactic structures*. The Hague: Mouton. 2nd edn, Mouton de Gruyter, 2002.

_____ (1965). *Aspects of the theory of syntax*. Cambridge, MA: MIT Press.

_____ (1970). Remarks on nominalization. In R. Jacobs and P. Rosenbaum (eds.), *Readings in English Transformational Grammar*. Waltham, MA: Ginn, 184-221.

_____ (1977a). *Essays on form and interpretation*. New York: North-Holland.

_____ (1977b). On *wh*-movement. In P. Culicover, T. Wasow, and A. Akmajian (eds.), *Formal syntax*. New York, Academic Press, 71-132.

_____ (1980a). On binding. *Linguistic Inquiry* 11: 1-46.

_____ (1980b). *Rules and representations*. New York: Columbia University Press.

_____ (1981a). *Lectures on Government and Binding*. Dordrecht: Foris.

_____ (1981b). Principles and parameters in syntactic theory. In N. Hornstein and D. Light-foot (eds.), *Explanation in linguistics*. London: Routledge, 32-75.

_____ (1993). A minimalist program for linguistic theory. In K. Hale and S. J. Keyser (eds.), *The view from Building 20: Essays in linguistics in honor of Sylvain Bromberger*. Cambridge, MA: MIT Press, 1-52. Reprinted in Chomsky (1995b: 167-217).

_____ (1995a). Bare phrase structure. In G. Webelhuth (ed.), *Government and Binding theory and the minimalist program*. Oxford: Blackwell, 385-439.

_____ (1995b). *The minimalist program*. Cambridge, MA: MIT Press.

_____ (1995c). Categories and transformations. In Chomsky (1995b: 219-394).

_____ (2000a). Minimalist inquiries: The framework. In R. Martin, D. Michaels, and J. Uriagereka (eds.), *Step by step: Minimalist essays in honor of Howard Lasnik*. Cambridge, MA: MIT Press, 89-155.

_____ (2000b). *New horizons in the study of language and mind*. Cambridge: Cambridge University Press.

_____ (2001). Derivation by phase. In M. Kenstowicz (ed.), *Ken Hale: A life in language*. Cambridge, MA: MIT Press, 1-52.

_____ (2007). Approaching UG from below. In U. Sauerland and H.-M. Gärtner (eds.), *Interfaces + recursion = language? Chomsky's minimalism and the view from syntax-semantics*. Berlin: Mouton de Gruyter: 1-18.

_____ (2008a). On phases. In R. Freidin, C. P. Otero, and M. L. Zubizarreta (eds.), *Foundational issues in linguistic theory: Essays in honor of Jean-Roger Vergnaud*. Cambridge, MA: MIT Press, 133-66.

_____ (2008b). The biolinguistic program: Where does it stand today? MS, MIT.

_____ and H. Lasnik. (1993). The theory of principles and parameters. *In Syntax: An International Handbook of Contemporary research*. Vol.1: de Guyter. pp. 506-569.

_____ and M. P. Schützenberger (1963). The algebraic theory of context-free languages. In P. Braffort and D. Hirschberg (eds.), *Computer programming and formal systems*. Amsterdam: North-Holland, 118-61.

Cinque, G. (1994.) On the evidence for partial N-movement in Romance DP. In G. Cinque, J..Koster, J.-P. Pollock, L. Rizzi, and R. Zanuttini (eds) *Paths towards universal grammar*. Studies in honor of Richaerd S Kayne. Washington, DC. Georgetown university Press. pp. 85-110.

_____ (1999). Adverbs and functional head: a crosslinguistic perspective. New York: Oxford University Press.

Collins, C. (1997). *Local economy*. Cambridge, MA: MIT Press.

_____ (2002a). Eliminating labels. In Epstein and Seely (2002c: 42-64).

_____ (2002b). Multiple verb movement in ‡ Hoan. *Linguistic Inquiry* 33: 1-29.

Dowty, D. & P. Jacobson. (1989). Agreement as a Semantic Phenomenon Proceedings of 5th annual Eastern States Conference on Linguistics (ESCOL). Columbus, Ohio State University. pp. 95-108.

Emonds, J. (1976). *A transformational approach to English syntax: Root, structure-preserving and local transformations*. New York: Academic Press.

_____ (1976). *A Transformational approach to English syntax*. New York: Academic Press.

_____ (2000). Lexicon and Grammar. *The English syntacticon*. Mouton: Berlin.

Fitzgibbons, N. (2010). Freestanding N-words in Russian: A syntactic account. *Journal of Slavic Linguistics* 18: 55-99.

Fox, D. (2000). *Economy and semantic interpretation*. Cambridge, MA: MIT Press.

_____ and J. Nissenbaum (1999). Extraposition and scope: A case for overt QR. In S. Bird, A. Carnie, J. D. Haugen, and P. Norquest (eds.), *Proceedings of the 18th West Coast Conference on Formal Linguistics*. Somerville, MA: Cascadilla Press, 132-44.

Fukui, N. (1986). A theory of category projection and its applications. Ph.D. thesis, MIT. Revised version published as *Theory of projection in syntax* (Stanford, CA: CSLI, 1995).

_____ (2004). Broca's aphasics: A generative approach. Paper presented at the Sophia International Workshop on Speech Pathology, Sophia University, Tokyo.

_____ (2005). Embed. Paper presented at the Third International Conference on Formal Linguistics, Hunan University, Changsha.

_____ (2008). Gengo-no kihon enzan-o meguru oboegaki [Some notes on the basic operations in human language]. In Y. Kaneko, A.

Kikuchi, D. Takahashi, Y. Ogawa, and E. Shima (eds.), *Gengo-kenkyu no Genzai* [The State of the Art in Linguistic Research]. Tokyo: Kaitakusha, 1-21.

Grohmann, K. K. (2003a). Successive cyclicity under (anti-)local considerations. *Syntax* 6: 260-312.

_____ (2003b). *Prolific domains: On the anti-locality of movement dependencies.* Amsterdam: John Benjamins.

Hagstrom, P. (1998). Decomposing questions. Ph.D. thesis, MIT.

Hallman, P. (2004). Symmetry in structure building. *Syntax* 7. pp. 79-100.

Harris, Z. (1951). *Methods in structural linguistics.* Chicago: University of Chicago Press.

_____ (1957). Co-occurrence and transformation in linguistic structure. *Language* 33: 283-340. Reprinted in J. A. Fodor and J. Katz (eds.), *The structure of language: Readings in the philosophy of language.* Englewood Cliffs, NJ: Prentice Hall, 155-210.

Heck, F. (2004). A theory of pied-piping. Ph.D. thesis, Universität Tübingen.

_____ (2009). On certain properties of pied-piping. *Linguistic Inquiry* 40: 75-111.

_____ and G. Müller (2000). Successive cyclicity, long-distance superiority, and local optimization. In R. Billerey and B. D. Lillehaugen (eds.), *Proceedings of WCCFL 19.* Somerville, MA: Cascadilla Press, 218-31.

Heidi, H. & E. Ritter. (2002). Person and Number in pronouns: A Feature-Geometric Analysis. *Language* Vol. 78. No. 3.

Higgins, F. R. (1979). *Pseudo-Cleft constructions in English.* New York:

Garland Publishing.

Hiraiwa, K. (2005). *Dimensions of symmetry in syntax: Agreement and clausal architecture*. Ph.D. thesis, MIT.

Holmberg, A. (2000). Scandinavian stylistic fronting. How many category can become an expletive. *Linguistic Inquiry* 31: 445-483.

_____ and T. Hróarsdóttir (2003). Agreement and movement in Icelandic raising constructions. *Lingua* 113: 997-1019.

Hong, S. (2001). Hybrid Morphological Account of English Verbals and Focus Affix Ø. *Studies in Language*. 17.1. pp. 261-277.

Horn, L. & Y. Kato. (2000). *Negation and Polarity*. Oxford Linguistics, Oxford University Press.

Hornstein, N. (1995). *Logical form: From GB to Minimalism*. Blackwell.

_____ (2001). *Move! A minimalist theory of construal*. Malden, MA: Blackwell.

_____ (2009). *A theory of syntax: Basic operations and UG*. Cambridge: Cambridge University Press.

_____ J. Nunes, and K. K. Grohmann (2005). *Understanding minimalism*. Cambridge: Cambridge University Press.

Huang, C.-T. J. (1982). Logical relations in Chinese and the theory of grammar. Ph.D. thesis, MIT.

Huddlestone, R. & G. Pullum. (2002). *The Cambridge Grammar of the English Language*. Cambridge University Press.

Kitahara, H. (1994a). A minimalist analysis of cross-linguistically variant CED phenomena. In M. Gonzalez (ed.), *Proceedings of NELS 24*. Amherst, MA: GLSA, 241-53.

_____ (1994b). Target-α: A unified theory of movement and structurebuilding. Ph.D. thesis, Harvard University.

_____ (1997). *Elementary operations and optimal derivations*. Cambridge, MA: MIT Press.

Klima, E. S. (1964). Negation in English. In J. A. Fodor and J. J. Katz (eds.), *The structure of language: Readings in the philosophy of language*. Englewood Cliffs, NJ: Prentice Hall, 246-323.

Kratzer, A. (1996). Severing the external argument from the verb. In Rooyck and Zaring. *Phrase structure and Lexicon*. Dorecht: Klwuer. pp. 109-137.

Kuno, S. (1973). *The structure of the Japanese language*. Cambridge, MA: MIT Press.

Kuroda, S.-Y. (1976). A topological study of phrase-structure languages. *Information and Control* 30: 307-79.

_____ (1988). Whether we agree or not: A comparative syntax of English and Japanese. *Linguisticae Investigationes* 12: 1-47. Reprinted in S.-Y. Kuroda (ed.), *Japanese syntax and semantics* (Dordrecht: Kluwer Academic, 1992), 315-57.

Lasnik, H. and J. Uriagereka (1988). *A course in GB syntax: Lectures on Binding and empty categories*. Cambridge, MA: MIT Press.

_____, M. Depiante, A. Stepanov. (2000). *Syntactic Structures Revisited*. Cambridge: MIT Press.

Lebeaux, D. (1994). Where does the binding theory apply? MS, University of Maryland.

_____ (2009). *Where does the binding theory apply?* Cambridge, MA: MIT Press.

Lee, Jeong-Shik. (2010). Some Remarks on NPI Licensing. *Studies in Generative Grammar*. 20.2. pp. 251-276.

Liberman, M. (1974). On conditioning the rule of subject-aux inversion. *Proceedings of NELS* 5: 77-91.

Lobeck, A. (1995). *Ellipsis: Functional heads, licensing, and identification*. New York: Oxford University Press.

Lyons, J. (1968). *Introduction to theoretical linguistics*. Cambridge: Cambridge University Press.

McCawley, J. (1998). *The Syntactic Phenomena of English*, 2nd edition, University of Chicago Press, Chicago.

McCloskey, J. (2002). Resumption, successive cyclicity, and the locality of operations. In Epstein and Seely (2002c: 184-226).

Merchant, J. (2001). *The syntax of silence: Sluicing, islands, and the theory of ellipsis*. Oxford: Oxford University Press.

Narita, H. (2009a). Full interpretation of optimal labeling. *Biolinguistics* 3: 213-54.

_____ (2009b). Multiple transfer in service of recursive Merge. Paper presented at the 32nd GLOW Colloquium. Abstract published in *GLOW Newsletter* 62: 89-91.

_____ (2010). Phase cycles in service of projection-free syntax. MS, Harvard University.

Nilsen, Ø. (2003). Eliminating positions: Syntax and semantics of sentential modification. Ph.D. thesis, University of Utrecht.

Paster, K. & M. Polinsky. (2007). Women are not dangerous things: Gender and categorization. *Harvard Working Papers in Linguistics* 12. Harvard University.

Pesetsky, D. (1982). Paths and categories. Ph.D. thesis, MIT.

_____ (2000). *Phrasal movement and its kin*. Cambridge, MA: MIT Press.

_____ and E. Torrego (2007). The Syntax of valuation and the interpretability of features. In S. Karimi, V. Samiian, and W. K. Wilkins (eds.), *Phrasal and clausal architecture: Syntactic derivation and interpretation*. Amsterdam: John Benjamins, 262-94.

Pollock, J.-Y. (1989). Verb Movement, universal grammar, and the structure of IP. *Linguistic Inquiry* 20.3: 365-424.

Preminger, O. (2008). (Im)perfect domains: Yet another theory of syntactic movement. In C. Chang and H. Haynie (eds.), *Proceedings of WCCFL 26*. Somerville, MA: Cascadilla Proceedings Project, 402-10.

Progovac, L. (1994). *Positive and negative polarity: A binding approach*. Cambridge: Cambridge University Press.

Quirk, R. S. Greenbaum, L. and J. Startvik. (1972). *A Grammar of Contemporary English*. London: Longman.

_____. (1985). *A Comprehensive Grammar of the English Language*. London: Longman.

Rackowski, A., and N. Richards (2005). Phase edge and extraction: A Tagalog case study. *Linguistic Inquiry* 36: 565-99.

Radford, A. (1988). *Transformational Grammar*. Cambridge: Cambridge University Press.

_____. (1997). *Syntactic Theory and the Structure of English*. Cambridge University Press.

_____. (2009). *Analysing English Sentences: A Minimalist Approach*. Cambridge Textbook in Linguistics. Cambridge University Press.

Reinhart, T. (1983). *Anaphora and semantic interpretation*. London: Croom Helm.

Richards, N. (1997). What moves where when in which language. Ph.D. thesis, MIT.

_____ (2001). *Movement in language: Interactions and architectures.* Oxford: Oxford University Press.

_____ (2008). Wh-questions. In S. Miyagawa and M. Saito (eds.), *Handbook of Japanese linguistics.* Oxford: Oxford University Press.

Rizzi, L. (1997). The fine structure of the left periphery. In L. Haegeman (ed.), *Elements of grammar: Handbook in generative syntax.* Dordrecht: Kluwer, 281-337.

Sag, I. & T. Wasaw. (1999). *Syntactic Theory: A Formal Introduction.* Chicago: CSLI.

Saito, M. and N. Fukui (1998). Order in phrase structure and movement. *Linguistic Inquiry* 29: 439-474. Reprinted in Fukui (2006: 179-208).

Schneider-Zioga, P. (2007). Anti-agreement, anti-locality, and minimality: The syntax of dislocated subjects. *Natural Language and Linguistic Theory* 25: 403-46.

Shimoyama, J. (2001). Wh-constructions in Japanese. Ph.D. thesis, University of Massachusetts, Amherst.

_____ (2008). Indeterminate pronouns. In S. Miyagawa and M. Saito (eds.), *Handbook of Japanese linguistics.* Oxford: Oxford University Press, 372-93.

Starke, M. (2004). On the inexistence of specifiers and the nature of heads. In Belleti (2004).

Takahashi, D. (1994). Minimality of movement. Ph.D. thesis, University of Connecticut, Storrs.

Takahashi, S., and S. Hulsey (2009). Wholesale late merger: Beyond the A/A'-distinction. *Linguistic Inquiry* 40: 387-426.

Taraldsen, T. (1991). Two arguments for functional heads. *Lingua* 84: 8-108.

Tsai, W.-T. D. (1994). On economizing the theory of A-bar dependencies. Ph.D. thesis, MIT.

_____ (1999). On lexical courtesy. *Journal of East Asian Linguistics* 8: 39-73.

Uriagereka, J. (1998). *Rhyme and reason.* Cambridge, MA: MIT Press.

_____ (2002). *Derivations.* London: Routledge.

Wells, R. S. (1947). Immediate constituents. *Language* 23: 81-117. Reprinted in M. Joos (ed.), *Readings in linguistics: The development of descriptive linguistics since 1925* (Washington, DC: American Council of Learned Societies, 1957), 186-207.

| 한영용어 색인 |

| 영한용어 색인 |

A

adjunct 부가어 — 39, 121

Agree 일치 — 26~28, 35, 43, 51

anaphor 대용어 — 43, 53

articulatory-perceptual 조음-지각 — 103

asymmetry 비대칭성 — 14, 82, 85~88, 95, 100

atom 원자, 핵 — 87~88

attract 유인 — 33, 46, 53~55, 105~106, 109, 112~113

B

bare theory 필수이론 — 64, 74~75, 87

base theory 기저이론 — 84

bottom-up 하상접근 — 64, 71, 74

C

category 범주 — 10~11, 18~24, 28~29, 33~34, 37, 40~42, 47, 56~62, 64, 72, 84

cartography 카토그라피 — 24, 57, 59~60

c-command 성분통어 — 34, 40~41, 109~111, 127, 129, 137

cleft 분열구문 — 91

Computation

computation 연산 — 81, 85, 87, 103

conceptual-intentional 개념-의도 — 38, 50, 52, 74, 76, 103

context-free 문맥자유 — 67~68, 98

continuous function 지속적 기능 — 97

converge 합치 — 76, 103

cycle 순환 — 15, 110, 114, 130, 142

D

discrete infinity 이산적 무한성 — 12~13, 65, 69, 71, 96, 99

driving force 추진력/동인 — 14~16, 85, 93, 95, 100, 104~106, 109~110, 112, 114, 123, 129, 133, 141~142

E

edge feature 가장자리자질 — 13, 81~83, 94, 99~100

Embed 삽입하기 — 13, 77~81, 94, 96, 99~100

external argument 외부논항 — 85~86

F

first-order feature 일차 자질 — 12, 31

홍성심
충남대학교 영어영문학과 졸업
University of Connecticut 언어학 석사
University of Connecticut 언어학 박사
현재 충남대학교 영어영문학과 교수
vshong@cnu.ac.kr

손근원
서울대학교 영어교육과 졸업
서울대학교 대학원 영어교육 석사
University of Connecticut 언어학 석사
University of Connecticut 언어학 박사
현재 한남대학교 영어교육과 교수
kwsohn@hnu.kr

김양순
한국외국어대학교 영어과 졸업
University of Wisconsin-Madison 언어학 석사
University of Wisconsin-Madison 언어학 박사
현재 한밭대학교 인문과학대학 영어과 교수
yskim@hanbat.ac.kr

최소주의 이론: 자질, 병합, 이동

홍성심 · 손근원 · 김양순

발행일 2012년 7월 30일
발행인 이성모
발행처 도서출판 동인
　　　　서울시 종로구 명륜2가 아남주상복합빌딩 118호
등 록 제 1-1599호
전 화 (02)765-7145, 55 / 팩 스 (02)765-7165
이메일 dongin60@chol.com / **홈페이지** www.donginbook.co.kr

I S B N　978-89-5506-513-8

정 가　10,000원

※ 잘못 만들어진 책은 바꾸어 드립니다.